JN074259

「ぼくにぴったり」の
ノウハウとコツを見つけて

発達障害のある子の

パーソナル
デザイン

編著 添島康夫・霜田浩信

学苑社

はじめに

　「どうしてぼくは（みんなといっしょに）勉強ができないの」「なんで友だちがだんだん少なくなってくの」と助けを求めながら教室に入れない子どもがいた。

　この20年間で発達障害の子どもたちへの認識は高まってきている。特別支援教育の仕組みも進んできている。しかし、一方、助けを求めている子どもたちが増えていることも否めない。子ども一人だけでは変わることはできない。だからといって、外側からこうしてと言われても切り替わることができないでいる。自分の中の可能性を自分だけでは見つけられずに、もがいている子どもたち。

　先生たちも子どもたちを救いたいと願っているのに、救えないで苦しんでいる。発達障害の子どもの「できにくさ」(特性)に合った学びと成長のコツは一人一人によって違っている。まして、みんなの中で進めようとすれば、ますます難しい課題となってくる。でも、もし、今、この課題を乗り越えることができるならば、発達障害の子どもを救うことができるかもしれない。ユニバーサルデザインによってより多くの子どもたちは学びやすくなる。その上で、目の前の「この子」を救う手立ては何かないだろうか。救いたいのに救えない、この歯がゆい状況を乗り越えていく方法を見つけていきたい。

　パーソナルデザイン、耳慣れないことばかもしれない。目の前の困っている子どもを手助けしながら、学び、成長していける、その子の「ぴったりのノウハウとコツ」を大事にした自分に合うスタイルを、今、子どもたちは求めている。

　パーソナルデザイン。たとえ最初は、みんなと一緒にできないとしても、誰かのサポートの力で、自分に合う活動スタイルが見つかり、だんだんと学びの力が育っていく。やがて、子どもが自分の中の可能性を見つけ出し、自ら進んでいけるような方法。自分にぴったりのノウハウとコツで作られていく成長のプロセス。

　私たちは、40年以上の現場での実践と20年間の巡回相談を行ってきた。この取り組みを通して、子どもたちの姿から、先生たちの努力から、「発達障害のパーソナルデザイン」を学ばせていただいた。子どもの声を聞き、願いや育ちのタイミングに合わせて、「こういうやり方ならできるんじゃない？」と「できにくさ」を乗り越えていく可能性やこの子らしい輝きを見つけていく姿を教えてもらってきた。この方法をまとめ、子どもと一緒に歩むための手がかりとして、みなさんと一緒に考えていきたい。

　ユニバーサルデザインの中でパーソナルデザインを見つけられた時、子どもにも、大人（先生）にも、新しい未来への力が生まれてくる。子どもの中の可能性が動き出す。

目　次

〜〜〜〜〜〜〜〜〜〜〜〜〜〜〜〜〜〜〜〜〜〜〜〜〜〜〜〜〜〜〜〜

自我

★見守り
◆あたたかも自分で
●セルフコントロール

・プラスの意味づけ
・OKサイン 「いいね」で後押し
・自己効力感、自己肯定感、レジリエンス
・リハーサル シミュレーション リピート
・合いの手（サポート的自己決定）
・サポートのフェードアウト
・〜君のさし
・3色の答え合わせ
・セルフモニタリング
・トラブルを学びへ リフレーミング
・サクセスログ（成功体験）プチ自慢
・自分ミーティング（ぼくの中のリーダー）

●生きる力（自分を活かす）
・needs you セルフエスティーム
・メタ認知的フィードバック
・問題解決技法（SOCCSS法）
・コーピング シンプルレシピ
・サポーター作り
・IKIGAI

活動・学び

★（一緒に）活動
◆プロンプト・調整・リカバリー
●活動調整（合理的配慮）

・注意喚起、スイッチ、集中、スピード、量、手順
・ワーキングメモリー go/no-go 切り替え
・情報キャッチ（距離 見える手がかり 1copy）
・モデル、リマインダー うち見
・インスタントサクセス、1/20の成功からだんだん
・高支え、アシスト、心の支え
・OFFからON〜 リカバリー ONの構築、調整
・声かけ（CCQ）耳打ちのことばがけ
・ワンステップシュガー
・交渉 暗示的誘導 新しいいの覚醒サポート

●学習調整（個別最適な学び）
◇ジャストステップ（スモールステップ）
・核、際、コツ、学びがい
・多様な学習活動（記憶の補強）
・マスキング パターン、ルーティン
・タイムラグ スピード 量への配慮
・合いの手（やりとり、思考のサポート）
・証の積み重ね（まとめ、カード化、一枚化）

●感情調整
・プラスのエネルギー（得意）
・負の感情調整 レジリエンス 心の杖
・修正への対応（心的現実と客観的事実のズレ）

リード

★あらかじめ
◆ユニバーサルデザイン
●活動性を高める

・ノイズカット 注意喚起
・「小さくできた」のやりやすさ
・授業、環境の構造化
・わかりやすいガイド（シンプル 情報量、手順、ゴールクリア）
・わかる、見える、残る手がかり
・システマティックな活動
・グループダイナミズム
・ファシリテーター

●学びを深める
◇焦点化 ◇見える化 ◇共有化
・学習のねらい、目標の共有
・学びの特性（活動、思考、結晶化）
・認知プロセスのバリア対策
・課題解決 選択 既習（般化）
・個と一斉の融合（協働的学習）
・証とフィードバック ワークシート

●理解
・もどかしさ（できにくさ）と可能性の理解
・アドラー 憑依 ピグマリオン効果

理解 → 活動（やりやすさ・ちょいサポ） → 学び → 自我・IKIGAI

子どものヘルプとニーズに寄り添い、成長プロセスのパーソナルデザイン

第 1 章

子ども理解、 「ぼくのぴったり」を 見つけて

教室を飛び出してしまったのは……

A　ねぇ、昨日、教室を飛び出しちゃったんだって？

B　うん、まあね……。

A　どんな気持ちだったの？

B　ちょっとむしゃくしゃしてさ。

A　どうしたの？

B　ん〜、なんかさ……。よくわかんないけど……。

A　そう言えば、C君もよく教室を飛び出してたこ
　とあったよね？　　　　　　B　えっ、そうなの？

C　うん、あったよ……　　　　B　今も？

C　今は、もうしてないよ。　　B　どうしてしなくなったの？

C　ぼく、小学校３年まで、教室で教科書もノートも出したことないんだよ。

B　（それって、ぼくの教室飛び出しよりすごいかも）どうしてそんなことしてたの？

C　ぼく、漢字書くのができなかったんだよ。それに、×をつけられるのがすごく嫌
　で……。気がついたら、間違えたり、わからなかったり、できないなら最初から何も
　しないほうがいいかな、とか考えていたのかな……。自分でもよくわかんないけど、
　なんか、何もしないって決めてたみたい。

B　それで、教室を飛び出したのは、なぜなの？

C　３年生になって、漢字のテストがあって、いい先生だったと思うけど、ぼくに漢字
　を何とか書かせようとして、何度も「書く」ように言ってくれたんだけど、なかなか
　書かないぼくにちょっと疲れちゃったのか、少しあきらめかけたみたいなんだ……。
　そしたら、周りの友だちもぼくが漢字を書けないことをいじってくるみたいになっ
　て……。なんか、そうされると、教室で何もしてないで我慢していたけど、どうして
　いいかわからずに、居場所がなくなってさ、教室を飛び出していたんだよなぁ。

B　そうそう、ぼくも似ている。そう言えば、ぼくは、わり算のひっ算をめんどくさく
　感じて、嫌になったんだ。ぼくが、教室を飛び出したら、今度は、いろんな先生がやっ
　てきて、教室に戻るように注意してきたよ。

A　それって、先生からしたら、あたり前なんじゃない？

B　でも、ぼく的には、「やりたくてもできない」ことを注意されても、なんだか余計

にむしゃくしゃして、今度は、教室の中で、みんなの勉強の邪魔をしちゃって……。

A　あっ、C君も友だちの筆箱を2階から投げていたことあったよね……？

C　うん、ひどいことしちゃったかな。

B　（ちょっとちょっと、それは、やり過ぎだよ……）

C　でも、その頃は、もう自分でもわからなくなってて、怒られたり、何か言われたりするだけで、よけいにむしゃくしゃして、もう止まらなかったんだ。

B　（なんか、ぼくよりすごいことになってたんだなぁ）でも、今は、もう大丈夫なの？

C　うん、今はもう、そんなことないよ。　　B　どうやって、変われたの？

C　それがさ……。ある時、たった一字、「月」って漢字カードを持ってきて、「これ、書いてみない？」って言う先生がいてさ。

　　でも、どうせ書けないと思ったから、あまりやる気がしなかったんだけど。「月」って漢字の書き順が動くアプリを見せてくれたり、黒板や毎日の連絡帳にみんなが「月」って形を書いていることを見つけたり、わりとよく目にしている形だぁと思ってさ……。もし書けたら、ちょっといいのかもって思ったりして、先生が一字でいいからって言うから、大きな紙に一字だけ書いてみたんだ。

B　そしたら、書けちゃったの？

C　そんな簡単じゃないよ。「月」って形をなんとなく書けただけだよ。

B　じゃ、ダメか……。×だね。

C　ところが、その先生、「えー、すごいね！」って言うんだよ。

　　てっきり、×つけられたり、がっかりされたりするのかと思っていたから、「あれっ」と思って。それに「すごい！」って言うから、ちょっといつもと違う感じがしてね。

　　後でわかったんだけど、その先生は、漢字が書けない子がいた時には、粘土で形を作って勉強したり、なぞって書く練習をいっぱいしたり、似た漢字カードを見て選ぶ勉強をしたり、いろいろな勉強の方法を考えるんだって。

　　ぼくが見るだけで少し覚えて、ちょっと似ている形を書けたから、本当に「すごい」って思ったみたいなんだよ。

　　それに、その先生、みんなの予想と違って、×をつけないんだ。

「おしい、なぁ」って、にこにこしながら、ぼくの書いた形の「月」と似ているところに〇をつけてくれたんだよ。

　ぼくは、×をつけられるのがすっごく嫌だったから、ちょっとほっとしたんだ。

　でも、確かに、全部の形は書けなかったけど、似た部分を見て覚えて書いたことを「すごい」「おしい」って言ってくれた雰囲気はわかったかな。

　×をつけられたり、がっかりされずに、ちょっとほめられたみたいになったから、その後、何回か挑戦するうちに……。

　ここには、横線を2本書くことや、ぼくの形と本当の漢字の違いを見比べたり、違いがわかりやすいように漢字の線を色分けしたりしているうちに……。

B　うん、うん、いよいよ……。

C　そうなんだ、初めて「月」が書けたんだよ。でも、今から思えば、払いも、ハネもなくて、ちょっと似ているだけの形なんだけどね……。それでも、その先生、「大きな〇」をつけてくれて……。ひっさしぶりに本当の〇（自分なりに納得のいく、おざなりでない〇）をもらってさ。心の中では……。まあね、悪い気はしなかったよ。

B　（ふ～ん、本当はうれしそうに話してるけどね）

C　そしたら、「日」は、□に一本線を書けばいいし、「土」は、横2本と縦1本。形の書き方がわかってきて、書ける字が一字ずつ増えていって。本当に、一字ずつだけどね。最初はちっとも違いがわからなかった「水」と「木」って漢字も、書き順のアプリを見ているうちに、見ているだけでは似ている漢字に思えたけど、書き方（書き順）がわかるとちょっと雰囲気が似た形も書けるようになってきて……。

B　ますますいいね、いいね。

C　ある時、習字の勉強の時に、「月」って漢字を一字だけ書く時があってさ。

　先生が、でっかい〇の差し棒を使って、「丿」と「｜」の違いを見せてくれたんだ。

　ぼく、それまで、どっちもまっすぐな線で書いていたし、それでも〇をもらっていたけど、「丿」と「｜」の違いがあることに初めて気がついて、それから、それをちょっと思い出しながら書いたら（思い出すって言っても、教室の中に、みんなの「月」がいっぱい貼られていたから、ちら見したけどね）、今度は、先生が、もっと「本当にすごいね」「漢字だね、書けたね」って喜んでくれてさ……。ぼくも、なんだか、漢字が書けたのがうれしいのか、先生がこんなに笑顔で喜んでいるのがうれしいのか、よくわからなかったけど、なんかうれしくなってきて……。ぼくなりの漢字の覚え方のコツをわかってきたら、少しずつ書ける漢字が増えてきたよ。そしたら、あんなにみんなの勉

強を邪魔したり、教室を飛び出したり、注意してくる先生に歯向かったりする気がなくなってさ。

B　（えっ、いろんな先生に歯向かっていたんだ、それもすごいなぁ）

C　文字が読めて、書けるなら、ノートを出しても、教科書を出してもいいかなぁ、と思ってさ。最後は、1センチマスの中に文字が書けるようになったら、みんなと同じように勉強ができるようになって、今に至るって、わけさ。

B　（なんだか、C君の話を聞いていたら、わり算ができなくて、むしゃくしゃした気持ちで飛び出した）ぼくも、なんとかなるのかぁ……。

C　大丈夫だよ、わり算のためには、かけ算が必要だけど、かけ算がわからなかったら、かけ算の表を机の隅に貼って、それを見ながらやっている人もいるよ。数字を書く場所がわからなかったら、マス目を書いてもらったり、やり方がわからなくなったら、アルゴなんとかっておまじないがあるし、ちょっと落ち着いて考えるのがつらい時には、一緒に考えたり、時には、気持ちが落ち着くように、肩を支えてもらって勉強している友だちもいるよ。

B　えっ、じゃ、ぼくでもできるようになるのかな。

C　なると思うよ。君にぴったりの勉強のやり方やコツがわかれば……ね。

B　それって、いいなぁ。

B　ぼくの先生も、その方法を知ってるのかなぁ……。

C　（どうかな……）自分にぴったりの勉強方法を見つけてくれる先生に教えてもらえるなんて、かなり運が必要かもなぁ。

B　（そうかぁ、やっぱ最後は、運なんだぁ。ぼくには、その運がないのかも。ぼくの先生、ぼくが勉強でわからなくてむしゃくしゃしていると、「みんなはできているよ」「やる気があるの！」みたいな感じでせまってくるから、よけいむしゃくしゃしちゃうし。そういう時、教室を飛び出したくなってたかなぁ。そして、教室を飛び出してからは、今度は、ちゃんと勉強できない自分が悔しくて、ますます、むしゃくしゃが広がっていたっけなぁ。本当は、ぼくもみんなと同じようにできたらいいのになぁ）

　　（あ〜ぁ、ぼくにも、いつかそんな先生に教えてもらえる運がまわってきますように……）

C　なに、お願い始めてんの。いつかは、どの先生でも、その子にぴったりの勉強の方法やコツを見つけられるようになるから、安心しろよ。

B　（本当に、そうなるのかなぁ……。誰か、「ぼくにぴったり」のノウハウとコツを見つけて）

2 大人が変わることから、子どもの力が見えてくる

D　E先生、大変だったね？

E　はい、B君がまた教室を飛び出しちゃって……。

E　廊下で他の先生が気がついて、注意してくれたんですけど、走って逃げてしまって。

D　その後、教室に戻ってきたの？　　E　F先生と一緒に戻ってきてくれました。

D　F先生は、どうやってB君と話してくれたのかな？

E　最初、B君が興奮しているみたいだったので、注意するというより、B君の気持ちを聞いてみようと、「何がしたいの？」って聞いてみたそうです。B君は、「ゲーム！」って答えたようです。F先生が、一緒にゲームの話を聞いているうちに、少し落ち着いてきたので、「何か嫌なことがあったの？」って聞いても、それには答えられなかったみたいで「みんなは何をしているの？」には「教室、勉強」と答えられたので、少し落ち着いてきたところで戻ってきてくれました。

　　ぼくもぼくで、何かあったらどうしようと思って、内心、心配でどきどきでした。何もなくてよかったんですけど、なんか自分への自信がなくなってしまって……。

D　教室で困っている子が増えているみたいだし、B君も何か困っているのかしら……。

E　B君も、みんなと同じように勉強できないでしょうか。みんなと同じようにできるようになればと思い、「〜分までやるよ」とか、「みんなはできてるよ」とか、つい言っちゃって……。そうしたら、ぱっと教室を出て行ってしまったんです。なんかぼくのやり方が悪かったんでしょうか？

E　あれこれ考えていると、気になって、なかなか眠れないこともあって、どうしたらいいんですかね？

D　そうか、じゃあ、G先生も以前に似た経験したことがあるみたいだから、聞いてみたらどうかな……

G　私が以前担任した子にも、最初は、授業中、教室のロッカーの上に座っていたり、教室を飛び出しちゃう子がいたのよ。

E　それで、どうしたんですか？

G　私も最初どうしたらいいかわからなかったから、知り合いの先生に相談してみたら、その時、まず2つ質問されたんです。

　　その子は、「何ができますか？」「どんな気持ちでいると思います？」って聞かれて、

その時まで、その子がみんなと比べてできないことは、いくらでも思いつくし、まして、教室を飛び出して困るなぁと私自身の気持ちは考えていたけど、その子のできることとか、その子の気持ちを考えるとか、その時の子どもの気持ちをきちんと聞くことができていないことに、初めて気がついたの。

だから、時間がある時に、その子に直接聞いてみようと思って……聞いてみたら。

その子が、「黒板が文字の満員電車みたいに見えるんだよ」とか「みんなの中にいると、時々いらいらするんだ……」と話してくれたので、その子の世界を考えてみたの。

黒板の書き方を変えたり、その子にもできそうなプリントをいろいろ作って、その子がわかるように、書きやすいようにする工夫を考えたり、どんな時に、いらいらしそうになるのか、気にして見るようにして、その子の気持ちやリズムがわかってきたら、その子のしてほしいことを考えるようになって、少しずつだけど、教室を飛び出したり、気持ちが不安定になることが変わり始めたかな……。

ところで、Ｂ君は、教室を飛び出しちゃう時、どんな様子なの？

Ｅ　そう言えば、よくノートやプリントをやろうとしている時、書いたり消したり何度もしていますね。それを何度かしている間に、消しゴムがどこかに行ったり、うまく課題ができなかったり、実は、恥ずかしいんですけど、私がつい「みんなはできているよ」とか「（早く）やりなさい」みたいな雰囲気の声かけをしたのが、きっかけだったかもしれません。

Ｇ　それって、書いたり消したりしているのは、Ｂ君なりにはなんとかしたいのに、自分だけではできないでいるのかもしれないわね。その「やりたいんだけど、できない」時に、消しゴムがどこかに行ってしまって、自分でもどうしようもないって感じた時に、「やりなさい」って言われてしまうと、どうしようもなくなって、気持ちがいっぱいいっぱいになっちゃうのかしら？　じゃあ、そこから考えてみましょうか？

Ｇ　その後、どうですか？

Ｅ　それが、先生の話を聞いてから、Ｂ君に、「何か困ってることあるかな？」「先生はお手伝いしたいから、教えて……」「できたらいいなぁって思うことは？　一緒にやってみようか」って聞いて、Ｂ君の様子をよく見ていたんです。

Ｇ　（あっ、それって、子どものヘルプやニーズを子どもに聞いてみるってことかな……）

Ｅ　そしたら、Ｂ君は、「わり算が嫌い」「いっぱい考えること」や「次々やることが出てくるとわからなくなる」、そして、「怒りっぽい自分も、実はあまり好きでない」っ

11

て話してくれて。(だから、書いたり消したりしてたんだなぁ、って少しわかるようになってきて)B君のスピードに合わせてわり算の勉強を一緒にしてみたんです。

　　B君と一緒に勉強してみたら、商を立てること(商のあたりをつける、間違えたらやり直す)、わり算の手順、かけ算を思い出すこと、筆算の数字をわかりやすく書くことなど、「B君一人では、みんなと同じようにできない難しさ」がいっぱいあることがわかってきて、それを少しずつ一緒に助けながらやってみたんです。他の勉強でも、B君のそばに行って、一緒にできそうなことをお手伝いしてみたんです。

G　そしたら、大丈夫になったの?

E　それが、先生。ある時、B君がいつものように書いたり消したりしていらいらしそうになり、消しゴムが落ちて、あぁ、このままだったら、また教室を飛び出しちゃうのかな、と感じた瞬間、隣の子がB君の肩にやさしく手をかけながら、次は、こうすれば大丈夫だよと助けてくれたんですよ。そしたら、B君、すっと雰囲気が変わって、また課題をやり始めたんです。なんだか、すっごくうれしくなっちゃって。

G　(きっと、隣の子は、E先生がB君を助けている姿を何度か見てきたから、E先生と同じようにしてみようと考えたのかしら……)

E　それからもっとうれしいことに、この間は、B君と休み時間に一緒に遊ぶことができました。B君から話しかけてくれることも増えてきているような気がするんです。

E　この頃、少しだけわかってきました。子どもをなんとかしようと自分勝手にやっきになったり、それがうまくいかないと、こういう子だから仕方ないんだと子どものせいにしたり、少し前までは、いつのまにかぼくがただ空回りしていたみたいで。でも、子どもたちが教えてくれました。たとえ最初は一人ではできなくても、誰かと一緒でもいいから小さくても「できること」を作る。そこから、子どもたちの中に次への力が生まれてくるかもしれないんですね。まず、私自身の見方を見つめ直すことが大事でした。大人が変わると子どもの力が見えてくるんでしょうか?

G　(B君とクラスの子どもたちは、まるで、E先生のお師匠さんみたい……)

E　もっとB君に合ったノウハウやコツが知りたいです。私たちが、子どもたち一人一人が求めている、その子にぴったり合うノウハウやコツ、育ちのプロセスをわかっていたら、少しずつでも良い方向に変わっていけるのかもしれないですね。

3 救いを求めている子 パーソナルデザインへの覚醒

　ユニバーサルデザインを学び、今年こそはと、自分なりにかなり気合いを入れてがんばってきたつもりだった。クラス全体への取り組みを工夫してきた。

・授業の構造化（学習のポイントを絞り、見通しが持ちやすい授業作り）

・授業ガイドの工夫（学習内容の説明をシンプルにわかりやすく伝える）

・課題活動の見える化（ことばだけでなく、活動の内容を視覚的な手がかりで伝える）

　授業での子どもたちの活動が良くなり、クラス全体の雰囲気は良くなってきていると思っていた。いい感じで「一斉」での学習ができているつもりだった。でも、夜になって目が覚めた時にふと思い出すのは、B君のことだ。自分に気合いが入り過ぎてしまっ

ているせいか、つい、思うように活動してくれないB君に注意をしてしまった。いくらB君のためと思っていても、「注意」という方法では、B君の表情が輝くことはなかった。それどころか、とうとう、B君が授業中に教室を飛び出してしまった。見た目には、小数のわり算のやり方ができなくて飛び出したように見えたけど、きっとあれは、私の関わり方の問題だ。「こんなに先生はがんばっているのに、どうしてやらないの！」とB君の気持ちではなく、自分の気持ちを押しつけていたのかもしれない。B君だって、思うように活動できず、いたたまれなかったのだろう。救いたいのに、救えない。完全に空回り状態になっていた。「一斉」は、うまく行きかけているのにと、思い上がっていたのかもしれない。だから、よけいにB君をなんとかしたくて、強く当たってしまっていたら、周りの子まで同じようにB君に強く当たってしまった。B君としては、ますます居場所をなくしてしまう。あの頃は、本当に空回りしていた。

　先輩に相談してみた。

　B君の教室での様子を見てもらったら、先輩は、意外なことを言った。

　「B君に何かしてほしい時は、まずは、B君の50センチくらいの近さでことばかけしてみたら……」

正直、「？」と思ったけど、まずはやってみた。やってみたらわかった。なるほど、遠くからのことばかけは、大きな声になりやすいし、指示的な内容（時に命令的、やってあたり前的な雰囲気）になっていた……かもしれない。Ｂ君に近寄って声をかけてみると、声は小さくなるし、Ｂ君の空気に合わせようと考えるようになった。

　「どうした？」「大丈夫かい？」

　「難しいかな？」「～って、どうかな？」

　「よくがんばってるね」

　「（～していけば）大丈夫だよ……」

　まずは、Ｂ君の気持ちや様子を見守りながらことばかけしてみた。みんなもやってるんだから

やってあたり前と思ってかけることばと、Ｂ君の様子を受け止めながらかけることばでは、かなり雰囲気が変わる。Ｂ君の様子を感じるようにしていると、Ｂ君の困っていることがわかり始めてきた。

　Ｂ君は、いっぱいの指示内容を順序よくキャッチし、覚えることが難しいようだった。説明を聞き漏らしてしまい、あきらめていることもあった。

　いっぱいの説明をことばで聞いていると、何から始めたらいいのかわからなくなる。書くことが苦手だから、書くことに抵抗を感じている。

　やろうとしてもうまくできない状態の中で、ただ「注意」されていては、Ｂ君だってたまったものではない。遅まきながら、Ｂ君の気持ちがわかり始めてきた。

　まずは、Ｂ君の困っていることを助ける気持ちで声をかけてみよう。確か、コツは、ＣＣＱ（Calm おだやかに、Close 近づいて、Quiet 静かに）。他にも工夫してみよう。

　やりやすさ。書くのが苦手みたいだから、短いことばにして、書く枠をわかりやすく。書き始めは、なぞり書きがしやすいライトグレーで薄文字を書いて、なぞり書きから始めてみよう。「ここから書けるかな……」とＣＣＱで耳打ち。

　３色の答え合わせ。間違いを直されるのが嫌いなＢ君には、×をつけないようにしてみよう。一人でできたところは赤〇。少し間違えた場合でも×をしないでできたところを色を変えて青〇。ヒントでできたら緑〇。×にはしないけど、がんばっているところを認めながら、だんだんとできていく過程をわかりやすくする。

　一目瞭然で一つ一つ。Ｂ君は、ことばだけで次々説明された時に活動が止まっていたから、全体の説明の後、手順表を目の前に持っていき、「今ここだよ」と伝えてみる。ぱっと見える手がかり（一目瞭然）から、一つ一つの活動を耳打ちしてみる。「～ってどう？

こうやってみる？」と、今やってほしい活動への気持ちが向くようにことばかけした。

　肩支え。時には、活動がやりやすいよう B 君の肩を支えながら課題に向かってみた。

　その場ですぐに「いいね」。B 君のそばでことばかけをしながら、活動の手伝いをしていると、B 君のやっていることに、すぐに「いいね、いいね」と肯定的なことばかけがしやすくなった。そして、「いいね、それどうやったの？」とか聞くと、ちょっと得意げに答えてくれたりもした。「いいね」のことばで B 君のやる気がアップしてきた。

　心の中のことば。ある時、「☆したら＊してみようか」とことばかけしたら、B 君が私のことばを「☆して、＊だな」と小さくつぶやきながら活動し始めていた。少しずつだけど、B 君にことばが届き始めた気がした。

　情報処理の工夫。ある時、B 君が、覚えるのが難しいと話してくれた。そう言えば、道順を覚える時、地図で覚えるタイプ（同時処理）と、行く先までの目印を順番で覚えるタイプ（継次処理）があると聞いた。B 君にもわかりやすいやり方があるのかもしれない。どうやら B 君は、耳から聞くだけの継次処理になるとわからなくなるようだった。だから、学習内容の一枚化（一枚に地図のようにわかる）とカード化（道順の目印を一枚ずつのカードにする）を試みてみた。

　「あっ」の気づき。そのうち、B 君が自分でヒントを見つけて「あっ」と気づいてくれた。この時、何か学習への手応えを感じた。

　少しずつだけど、B 君の行動と気持ちに余裕が出てきたような気がする。私もあせっていた気持ちから少し余裕ができ、B 君に合わせたり、B 君の良さが見えるようになってきた。B 君と私は意外に気持ちがリンクしているようだ。

　「どうしてできないの！」から、「こうすれば少しずつでもできるようになるのかも」と互いに感じ始めると、一緒に勉強するのも悪くない。

　そんな時、B 君の肩を支えるように、B 君に勉強の手がかりを教えてくれている友だちがいた。まるで、「ミニ先生みたい」だけど、B 君もまんざらでもないようだ。

　勉強へのスイッチが入ってくると、B 君のひらめきが発揮されてきた。手を挙げて発言することも増えてきた。今までは、自分ペースなことが多かったけど、順番を待てば自分の意見が言えるとわかってくると、自分の意見を言いたくて待つこともできるようになった。元々、自分を認めてほしい気持ちがいっぱいあったけど、それをうまく実現

できなかったから、空回りしていたのかもしれない。自分の力を認めてもらえると、やっぱりエネルギーになっていく。そんな時は、もちろん、すかさずの「いいね」の声。だんだん、B君の雰囲気が変わってきたように思う。

　そして、今日、一番驚いた。他の友だちの発言のことをまとめながら黒板に書いていたら、それを見たB君が、「あっ」と何かひらめいたのがわかった。満を持してB君を当ててみると、見事な正解。みんなからも「B君、やるなぁ」の空気が感じられた。他の子の意見を聞いて、さらに自分の考えを膨らませていくことができた。B君が心の中で「ガッツ！」したように見えた。

　B君の変化を先輩に話したら、一緒に喜んでくれた。

　「B君のパーソナルデザインが見えてきたみたいだね」と言ってくれた。

　B君の心と思考に届く耳打ちのことばがけからいろいろなことに気づくことができた。B君のことをもっとわかっていけば、B君に合ったやり方がまだまだ見つけられるかもしれない。そのためには、明日からの勉強でも、B君やみんなの様子を見ながら、さらにいいやり方を見つけて行こう。

　バリア越え　小さくガッツ　歩き出す　君の笑顔が　ぼくらの支え

4 求められる「ぴったりのノウハウとコツ」

　目の前で困っている子を助けながら、成長につなげていけるようなノウハウやコツが見つけられたら、子どもにとっても、それを支える先生にとっても、どんなにかいいことだろう。どのように考えれば、目の前の子が求める「ぴったりのノウハウとコツ」(パーソナルデザイン)を見つけられるだろうか。

	考えるキーワード	主な手立て	子どもの気持ち
1	サインに寄り添う	行動・気持ちに寄り添って	なんか、ぞわぞわするんだ
2	ヘルプとニーズ	行動の訳、心の声に気づく	やりたいんだけどできないんだ
3	できにくさ	バリアと特性の分析	わかってもらえるとうれしい
4	バリア対策	ユニバーサルデザイン	少し活動しやすくなってきた
5	ちょいサポ	自己効力感アップ(活動)	もしかしたら、できるのかな
6	学びと成長	核・際・コツ(学び)	「あっ」の気づきと積み重ね
7	自我の芽生え	あたかも自分で	コツがわかれば、いい感じ
8	やりがい	セルフコントロール	needs you と IKIGAI が力に
9	フィードバック	子どもから学ぶ	明日への手応え

(1) 子どものヘルプの前兆——サインに気づき、子どもの声に寄り添って(理解)

　「どうして(みんなと同じように)できないのかな?」
　「トラブルにまでなってしまうのは、なぜ?」
　子どもの気になる行動が起きる状況から、行動の訳を考えていく。同じ行動に見えても、子どもにとっての意味や訳は違う。子どもにとっての行動の意味を理解することから、助けてあげる方法を見つけていこう。
　まず、気になる行動は、どんな時に起きやすい?
　自分一人では手に負えない課題の時。説明を聞いてもわからなくなった時。自分の思い通りに進まない時。気になる刺激に反応し過ぎた時。何か注意を受けた時など。
　トラブルとなる行動の少し前には、何かヘルプの前兆やサインはなかったかな?(活動中なのに、)ボーっとしている。きょろきょろする。注意が定まっていない。ことばが届いていない。首をかしげる。体を触り始める。指いじりや物いじりをしている。体をゆする。自分の世界に入ってしまう。活動が止まる。活動の途中まではできているがゴールまでいけない。話の流れとは関係ないところに過反応してしまう。自分ではわ

かっているつもりでも内容とズレている。自分
のやり方にこだわってしまう。フラフラし出す。
友だちへちょっかいを出している。

　そして、教室を飛び出す、友だちに手を出す、
うそをつく、暴言を言うなど、激しい行動にま
でエスカレートしてしまったきっかけは？

　反対に、気になる行動が起きないで良い状態でいられる時は、どんな時？

　課題ができている時。説明がことばだけでなく、見える手がかりがある時。自分の思
い通りに進んでいる時。静かなやりやすい環境での集中。自分の行動が認められた時。

　気になる行動をやり始める時、やめる時など、行動の変化が起きる時の様子は？（行
動が変化し始める時の状況は、行動を切り替えていくヒントになる）

　みんなと同じようにできない状態の自分に困
惑する子ども。困惑が激しい言動となってしま
うこともある。子どもたちは、困惑と混沌の中
でもがいているのかもしれない。先生たちは、子
どもの「気になる行動」に心を悩まし、どうに
かしてあげられないかと考える。気になる行動
に対し、注意や「～しなさい」と指示を出すだ

けなく、「どうした？」「大丈夫？」と子どもの声を聞いてみよう。教室を飛び出した子
が、「ぼくだって、どうしていいかわからない」「なんか、ぞわぞわするんだよ」と話し
てくれた。どうやら、自分でもどうしてそうなってしまうのかわからないまま、その行
動をやめられない状態にいるようだ。

　子どもの行動をよく見る、そして、子どもの気持ちに寄り添っていくと、少しずつだ
が行動の訳がわかってくる。課題ができないから。不安（ストレス）だから。何か困っ
ているから。活動の消化不良があったから。じっとしているのが苦手だから。癖のよう
にやってしまう。自分の思い通りにならないから。トラブルにまでエスカレートしてい
たのは、子どものヘルプに気づけずに対応ができていなかったから。

　行動の様子（気になる行動が起きやすい状況、起きる前のサイン、エスカレートしてしま
う原因、良い状態の時、行動が変わる時など）をよく見ていくことで、どうしてそういう
行動になってしまうのか、子どものストーリーを理解し、「ぴったりのコツが見つかれ
ば、成長できる子ども」という見方に切り替えていきたい。もし、気になる行動の半歩

前で子どものヘルプに対応できるならば、行動をプラスに変えてあげられるかもしれない。子どもの気持ち（声）に寄り添い、成長への手立てと道筋を見つけていく。

（2）子どものヘルプとニーズを理解しよう（理解）

　「ぼく、本当は、10歳のぼくとして、みんなと同じようにちゃんとやりたいのに」
　「でも、2、3歳のぼくが無理やり出てきて、邪魔をするんだ」
　「（本当は）やりたいんだけど、（自分一人では）できないんだよ」
　みんなと同じように活動したいのに、自分が思うように活動できない状態の時のことを子どもたちが話してくれた。
　自分でもわからないうちに、そうなってしまう自分がいる。ちゃんとできたらなぁと願っているけど、「できにくさ」が手強くて、うまく行かない。みんなと同じように活動できずに、教室の隅で固まっていた子が、叫んでいた。
　「どうせ、みんなに追いつけないんだから、授業したって無駄だよ」
　「もう、ぼくなんか手遅れなんだよ」
　せっかく書いた習字の文字を黒く塗りつぶしてしまった子が言っていた。
　「（習字は）ゆっくりだからできないんだよ」
　（衝動性のある子にとって、ゆっくりと筆を動かし字を整える活動は、まるで修行）
　「何をどう活動したらいいのか、わからなくなってきちゃった。どうしたらいいんだろう……」「どうやって書けばいいのかな？」「ぼく間違えるのが嫌いなんだよなぁ」みんなと同じように活動できない時の気持ち。「できにくさ」が立ち塞がり、思うように活動できないでいる。「やりたいんだけど、できないんだよ」ともがいている子どもたちのヘルプの声。その叫びにも似た声の中には、表面の荒々しい行動のため見えづらくなっていることも多いが、「（一人では）できないんだけど、（できるなら）やりたいんだよ」と、自分の可能性への願い（ニーズ）も感じることができる。
　子ども側の視点からヘルプとニーズを考えていく。子どもの気持ちや内面のつぶやきをアテレコ（言語化）し、子ども側の視点で考える。子どもの声なき声（内面のつぶやき）をアテレコしていると、子どもの世界に近づいていける。子どもに寄り添い、行動の訳を感じることは、子どもが求めている方策を見つけるきっかけとなる。なんとかしたいと思っていた子どもが「やりたいんだけど、できないんだよ」と語っていた。困っている気持ちに応えていく。子どもは、自分の「ヘルプ」をわかってもらえると、安心できる。そこから、プラスへの手がかりが見つかっていく。

教室でトラブルを起こしていた子が、自分が変われたきっかけを話してくれた。

「ぼくの話を全部聞いてくれたんだよ（そうしたら、気持ちがすーっとできた）」

「ぼくがうそを話しても、（ぼくが本当に求めていることを）わかってくれた……」

「（一緒にがんばってくれたから）できないことが少しできるようになってきた」

「（たとえ）間違えても、直せばいいんだよね。（自分で）直せるようになったょ……」

子どもたちのことばこそ、私たちにとっての羅針盤だ。聞き逃したくない。

（3）子どものせいにしない──「できにくさ（difiicult）」の分析（第1章参照）

（書き方がわからないから）文字を書くのが面倒くさい。

（同時に2つのことをやるのは難しい、話を聞きながら）書くのはできない。

（問題の量が多いと、嫌になってしまう。終わりが見えないと）やる気が出ない。

（どうやっていいのか手順がわからない、できないから）活動したくない。

（やろうとしてもうまくできなくて、もがいているけど）イライラしてしまう。

（失敗は避けたいから、できそうに思えないことは）やりたくない。

（自分流に思い込んでしまい、柔軟に対応できず、行動修正に）反発する。

（認めてほしい気持ちが強過ぎて、わざと）目立つ行動をしてしまう。

（自分が認められない、否定されてしまうと、つい）感情的に反応し過ぎてしまう。

　外側から見える「気になる行動」は、子どもの「やる気」や「態度」の問題のように見えてしまう。しかし、気になる行動には、何か外側のやりづらさ（バリアとノイズ）や子どもの「できにくさ」が関係しているのではないかと考えてみる。子どもの気持ちのせいだけにしないで、「バリア」と「できにくさ」の謎を解いていく。授業中の説明を聞いている時に手遊びをしている子。よく見ていると、短い説明ならば手遊びしないで聞けている。でも、説明がことばだけで長くなってくると、手遊びを始めている。この場合「気になる行動」の背景に、話が長くなると聞くのが苦手という「バリア」や「できにくさ」があるのかもしれない。情報キャッチ（ことば）の力、理解、興味・集中の持続などの「できにくさ」が「気になる行動」に影響している。

　「バリア」と「できにくさ」の仮説が見えてきたら、それを助けてあげると行動は変わるのか。もし話を短くしたら、どうなるか。ことばを補う見える手がかり

があったら、どうなるか。子どもの「できにくさ」を助ける方法があったら、どうなるか。いつも落ち着かない子だったけど、ノイズを減らし、落ち着いた環境だったら、集中できることは増えるのか。「バリア」対策を考え、活動しやすくしたら、どう変われるのか。ヘルプの奥にある、「バリア」と「できにくさ（difiicult）」の関係を分析し、子どものヘルプに応え、子どもの可能性を広げていく手立てを考える。

（4）「バリア」対策──ユニバーサルデザイン（第2章参照）

　環境面や課題設定から生じる難しさ・やりづらさ（バリアとノイズ）を変えると、子どもの活動が変わっていくことがある。環境調整、カリキュラムの工夫、授業・教え方の構造化、サポーター（子どもの活動をちょっと助けてくれる人）とファシリテーター（子どもの力を引き出す関わりができる人）との関わり、教材のアクセシビリティなど、少しでも子どもの活動のやりやすさを改善していく。より多くの子が活動しやすくする工夫（ユニバーサルデザイン）をしていく。

＊アクセシビリティ：子どもに「できにくさ」があっても、授業の活動参加に影響しないように、「できにくさ」をなるべく感じないように、教材、教具を使いやすくする工夫。例：文字を読むことに苦手さがある場合、読みやすい大きさの文字にする。読む文字をクローズアップする工夫（定規を当てる、カラーバールーペ、文字にハイライト）。読み上げアプリを使う。話しことばを文字化（字幕）する。子どもの「できにくさ」に合ったICTの活用によって、活動のしやすい工夫ができる。

（5）ちょいサポ──「小さなできた」の活動作り（第2章参照）

　子どもの気になる行動を目にすると、つい最初にやってしまいがちなのは、注意かもしれない。でも、注意やダメ出しではなかなか変われない。なぜなら、注意やダメ出しでは、子どもは、どうやってプラスの活動に切り替えていけばいいのか、具体的な方法がわからない。できない自分の姿を言われるだけでは辛くなってしまう。周りの雰囲気も悪くなりやすい。ダメ出しでは、「ぼくだってちゃんとやりたいんだよ」と思っている子どもの気持ちと離れてしまい、「いくら言われても無理」と子どもを追い込んでしまうことになる。場合によっては、注意を受けても気になる行動をやめられず、ダメ出

しの言い方に過反応してしまい、ますます行動がエスカレートしてしまうこともある。

　そこで、「できにくさ」自体を変えることは難しくても、自分一人ではできなかった活動を、ちょいサポ（活動を変えるちょっとしたサポート）でプラスに切り替える方法を考えていく。例えば、やってほしい活動へ気持ちを切り替えられるように、ことばかけを工夫してみる。「〜してない！」というダメ出しではなく、「〜から始めるといいかも」「〜できるかな？」「するにはどうしたらいいかな？」とやってほしい行動への提案や導き的なことばにする。やってほしい行動に意識を向けるようなことばかけをしてみる。

　子どもに「できにくさ」があっても、ちょいサポで活動をプラスに切り替え、その子なりの「小さなできた」を作っていく。ちょいサポで課題が「できる、わかる」ようになってくると、子どもは、自己効力感（プラスの手応え）を感じていく。成功体験が自己効力感アップにつながる。自分に合ったやり方がわかれば、もっとできるようになれるのかもと、未来への可能性を感じられるようになっていく。ちょいサポ（見える手がかり、耳打ちのことばかけ、プロンプト、リマインダー）で小さなできた（成功体験）を作り、「できにくさ」を「できそうかも」と自分への期待へと切り替えていく。

＊子どもによっては、気になる行動によって、気持ちを落ち着けたり、集中しようとしたり、意識を覚醒しようとしている場合もある。この場合は、「気になる行動」自体をなくすというより、「勉強の妨げにならない」ようにしていく。手遊びをする子が、あえて感覚刺激する物（センサリーツール）を持ち、勉強への活動に妨げにならないように使うことで、集中できることもある。常に動いていたい特性の子に、動きのある役割（電気係、差し棒係など）をやってもらい、特性を活かすことに発展できることもある。

（6）子どもの学び――だんだんの学びが育ちの力に（第3章参照）

　「できにくさ」があるからと、あきらめるのでもなく、過度な期待をし過ぎて、追い込むのでもなく、子どもにとって適切な課題設定（ジャストステップ、スモールステップ）の学びを通して、学びのエネルギーを引き出していく。何を（核）、子どものぴったりのできそうから（際）、どのような工夫（コツ）で、積み重ねていくのか。子どもの可能性を広げ、成長につながるような学びを進める。「ステップバイステップ」（だんだんと育っていく）で少しずつ力をつけていくことを目指す。

　何を（核）、どこから（際）、どのように（コツ）育てていくのか、子どもの成長ストーリー（成長プロセス）を作っていく。

【核（何を）】　子どもの得意（凸）と不得意（凹）を読み解く。とくに、不得意の中でも、一番のできにくさ（凹凹）は大事だ。子どもの得意を育てていく場合もある。子どもの不得意に挑戦する場合もある。自分の不得意が変わってくると、子どもたちの気持ちも変わってくる。「できにくさ」（凹凹）への取り組みは、時には一緒に、時には手がかりで、特別な技（コツ）で育てていく。子どもの何をサポートし、何を育てていくのかを考える。少しずつできにくさを改善していくような学びを考える。適切な学びは、子どもの「できにくさ」（情報処理、実行機能、言語など）のトレーニングにもなっていく。

【際（どこから）】　ちょっとお手伝いすれば、できそうな課題から始める。「できた喜び」は、より新たな「できる」に向かうエネルギーを生み出す。「できたという自己効力感」から、自分の力に期待を感じられるようになる。「どうしてできないの！」から「これならできそう」「こうすればできるようになるかも」へと切り替えていく。そのためには、際（ちょっとお手伝いすればできそうな課題、発達の最近接領域）を見つける。

●子どもの活動を考える４つの目。

①みんなと比べて：みんなと同じようにできることはあるかな。

②〜君ものさし：その子の歩み、歴史に合わせて見たら、どのように変化できるかな。

③ちょいサポ：ちょいサポがあれば、どのくらいできるかな。

④瞳の奥：その子の願い、潜在的可能性。子どもの近未来から見たらどう変われるかな。

問題を抱えている子は、昼間の月のようだ。昼間の月は見えづらいが、そこに必ずある。もし、三日月だとしても、月の満ち欠けのリズムを知っていれば、これから月がどう変わっていくのかを見通すことができる。子どもの成長も似ている。特性のある子たちの力の見方と成長のリズムを知っていれば、子どもの歩み方がわかり、子どもの未来を見通すことができる。だんだん育っていく子どもの成長プロセスを見つけていく。

【コツ（どのように）】　子どもの「できにくさ」（特性）に合った学びのコツを考える。例えば、漢字を10回書くやり方では学びにならない子もいる。苦手な活動の時には、その子の特性に合った方法（コツ）で学びやすくしていく。行動、発達、学習に特性のある子たちには、その子に合った学びのコツを見つけていく。

構造化→認知特性、情報処理、実行機能に合った情報と活動の整理。活動の内容や手順をシステマティックにわかりやすく計画し、ガイドし、活動する。

視覚化→目に見えて、わかりやすい表現にする。必要な時に見られるようにする。

個別化→活動の場、距離、方法、手がかり、スピードをその子に合わせていく。

ステップ化→ぴったりの課題設定によって、だんだんと積み重ねるようにしていく。

プロンプト→活動しやすくなる、視覚、体、ことば、思考の手がかりを作る。

記憶→ワーキングメモリーに合う情報量にしたり、想起できるような手がかりを作る。

プラスのフィードバック→即時的に「いいね」(肯定的な評価)でやる気アップ。

自己効力感アップ→自分の力で課題をクリアできたという自覚や自信を力にする。

あたかも自分で→子ども一人では難しいことでも、子どもの力を最大限に引き出し、
　　　　　　　　自分の力で達成したかのような感覚を大切にし、今後のがんばりの
　　　　　　　　力にしていく。

(7) 自我——子ども自身の意識の変化が明日の自分へつながる (第4章参照)

　最初はちょいサポのおかげでできた活動から、徐々にサポートをフェードアウトし、だんだんと自分でできるようにしていく。「あたかも自分で」から、「自分で」できることを増やしていく。子どもの中に生まれる「あっ」の気づきや学びを力にしていく。子どもが、自分の力でやってみたい、自分の力でやれるかもと感じる、子ども自身の意識の変化を育てていく。子ども自身が自分の行動をどう意識しているのか。自分の変化を意識しているのか、子ども自身でもなんとかしたいと思うようになってきているのか。「気になる行動」を少なくしようという目標に向かって活動できるのか。自分のプラスの変化を励みにできるのか。子どもの自覚を感じてきたら、「気になる行動」を意識的に改善することを目標にしてみる。あらかじめの約束・目標、ここからここまでなど短い時間設定での目標、○○の活動の時だけの目標、がんばりカードでの目標の意識化、自分の成長を励みにしていくやり方など。自分で気づいて調整する力(セルフコントロール)を目指していく。一気には改善することはできなくても、少しずつだんだんの変化・成長を目指す。また、時には、トラブルを学びに変え、次に活かしていくこともできる。自分に合ったコツがわかることで、いい感じになれる体験を増やしていく。

(8) needs you と IKIGAI —— 子どもにとっての力の源 (第4章参照)

　子どものエネルギーは、どこから生まれるのか。その子にとっての「やりがい」を考える。自分の存在や良さを認めてもらえることで、子どもの「やりがい」は大きく変わってくる。「needs you (あなたがいることで素敵なことが生まれる)」と感じられるような

活動を作っていく。子どもの活躍の演出、プラスの自分が認められるような「ほめの種」（成長のチャンス）を作ってもらえるとがんばれることもある。気になる行動やできないことだけを見るのではなく、誰かのためにできることや人とのつながりを大事にしていく。トラブルだけを気にするのではなく、子どものできる活動を活かす演出、子どもとのおしゃべり、子どもとの遊び、子どもとつながっていくことが力になっていく。周りの人とつながれると、気になる行動にも良い影響を与えていく。

（9）記録（フィードバック）──子どもが求めるぴったりの方策を子どもに学ぶ

　取り組んだ内容が正しいかどうかは、子ども自身（行動）がその後の行動と成長で教えてくれる。取り組みによる子どもの変化、成長を記録する。記録を見直すことで、より深くじっくりと考える。子どもの気になる行動や成長の様子を捉えながら、子どもが求めている「パーソナルデザイン」（ぴったりのノウハウとコツ）を見つけていく。

「できにくさ」への対応を踏まえたパーソナルデザイン作りの観察フォーマット

① 子どもの気になる行動は、□□□□□□□□□□□□□□□□□□□□□

② その行動は、□□□□□□□□□□□□□□の時に、よく見られる。

③ その行動は、□□□□□□□□□□□□□□の時には、あまり見られない。

④ 本人は、□□□□□□□□□□□□□□□□□は得意だが、

⑤ □□□□□□□□□□□□□□□□□□□□□□□□を苦手としている。

⑥ 気になる行動が現れる訳は……。

> バリアは何か？　ヘルプとニーズは何か？　「できにくさ」は？
>
> こうしたらできるかな……。プラスの活動に切り替えるためには……。
>
> とりあえず「小さなできた」を作り出すためには……。

⑦ そこで、次のような取り組みを行うことにする。

> リード→
>
> ちょいサポ→
>
> 学び→
>
> 自我→

⑧ 本人の好きなことを、活動作り、リード、サポートの際に活かすとしたら、

> （本人の世界に寄り添っていく方向性）

その後、□□□□□□□□□□□□□□□という変化が見られた。

⑨ これらの取り組みを強める方法として、□□□□□□□□□□□がある。

⑩ 一方、他に得意なことを活躍できる場面を作ってみた。

> □□□□□□□□□□□□□□□□□□□□□□□□□□□□□

⑪ できることが増え、①の行動への本人なりの意識が見られるようになったので、

> □□□□□□□□□□□□□□□□□□□□□□□を目標にしてみよう。

⑫ 目標への取り組みの変化を視覚化し、がんばっていける自分なりのコツとして、

> □□□□□□□□□□□□□□□□□□□□□が考えられた。

⑬ その後、子どものだんだんの成長として、（成長のステップを意識した変化）

> （子どもの行動変容と自我の成長をメタ認知的なまとめ）が見られた。

⑭ ○君のこの取り組みと成長から私たちが学んだことは

> （取り組みの総括　今後へ活かすポイント）

5 子どもを捉える （巡回相談の視点を参考に）

（1）教室に入った瞬間の様子

　巡回相談で教室に伺う時、教室の直前で一度大きく呼吸を整える。これには、2つの意味がある。1つは、子どもたちの日常の勉強に差し障りがないように自分たちの気配をなるべく消してから見るようにしたいため。そして、もう1つは、私たちが教室に入ることで、子どもたちの様子がいつもと違ってしまうことがある。時間にすれば、ほんの10秒前後のことだが、その一瞬の変化を見落としてしまわないようにするため。その一瞬の変化を見落とすと、その時しか見られない子どもの大事なサインが見えなくなってしまう。環境の変化が子どもたちの行動にどんな影響があるのかを見極めていく。

　◆訪問者にすぐ気づく→衝動性、刺激への反応度、学習課題への集中度。

　◆繰り返し気にする→衝動性、刺激への過反応、何か不安なことがある。

　◆不安そうに気にする→自分の行動への自信、見られる・評価されることに敏感。

　◆態度が良くなる→自分への注目度によって行動が変わる、行動への自覚の有無。

　　子どもの反応の違いから、子どもの心理（気持ち）がわかっていく。

（2）生活面の様子

　◆持ち物の整理→基本的生活習慣、不注意、衝動性、行動のていねいさや面倒くささ。

　◆姿勢・表情→不注意、意欲、緊張度・不安、課題内容による変化があるか。

　◆手遊び→衝動性、多動、不安、緊張、課題への集中度・苦手さ、安定のための刺激。

　◆机上の使い方→手順理解・計画性、指示理解、ルールへの対応、活動の切り替え。

　◆足元（上履き・靴下）→過敏さ、生活習慣、面倒くささ、ルールへの反応。

（3）行動特性、実行機能の様子（指示や説明に対する反応性、取り組み方の様子）

　◆授業の必要な情報に注意を向けているかどうか→理解と処理、切り替えが適切か。

　◆情報キャッチ→言語、見える手がかり、情報量、スピード、時間による変化はないか。

　◆手順の理解→いくつの手順ならキャッチできるか。文脈の意味を理解しながら、自分なりに頭の中でプランニングしているか。いつもと違うやり方の時と違いはあるか（状況認識、こだわり、ルーティンやパターンなど何回かの繰り返し活動との違い、何を手がかりに理解しようとしているか）。全体の指示と個別の指示で情報キャッチ

や理解の違い、経験のあるなしでの違い、パーソナルスペース（自分がやりやすい空間、集中できる空間、指示の届く距離）による違いはあるか。活動の様子（一人でできている、時々わからなくなる、何か手がかりがあれば活動している）はどうか。

◆活動の目的理解→目の動き、視線が思考や気持ちを表している。活動の意味、意図をいつ、どんなふうに理解しているか。どんなふうに活動イメージをもっているか。

◆課題達成時の様子→自分なりに喜ぶ。ほめられて喜ぶ。あまり喜びを示さない（価値基準のズレ、周りへの意識）。他者から認められないと不安定（自己顕示）。次の指示を待つことができる。次の課題へ切り替えができる。余計な行動をしてしまう。

◆課題ができなかった時の様子→葛藤の様子（不安、ごまかす、言い訳、攻撃性、あきらめ、イライラなどの気持ち）。助けを求めるのか。周りの目（誰）を気にするのか。
　プラス活動への切り替え→修正の受け入れの様子（先生との関係性、感情のコントロール、どのようなきっかけで切り替えられるのか）。課題内容の変化への対応。目標・やり方など、どんな手がかりで立ち直れるのか。認めてもらいたい気持ちの強さ、自分への期待、自己効力感など、OFF から ON への切り替えのポイントは何か。

◆失敗をした人がいた時の反応
　受け入れる→学習の流れとして理解する。　励まし→思いやり、共感性が見られる。
　否定・ダメ出し→自分視点の強さ。自分の価値基準で他者を評価、他者への関わり方。周りの雰囲気に乗っかってしまう。アシスト（手伝う）してあげられるのか。

◆トラブルの振り返り→出来事の文脈の捉え（きっかけ、原因の捉え、思い込み、心的現実）。他者の意図・感情の捉え（自分視点、他者視点、メタ認知的な状況の把握）。

◆周囲の児童との関係
　本人が気にしている人（モデル、意欲）。本人発言時や行動への周囲の受け止め方。
　周りの子どもへの対応（モデル、共感、ドンマイ、ダメ出し、サポート、関心度）。
　自己紹介カードの内容（自己認識、自己アピール、目標など）。係や当番活動の様子。

（4）学習面で見られる特徴

◆学習特性（認知面）→先生の指示に対しての理解や反応。集団思考とのリンク度。
　現在の学習の理解（既習）・学力。課題遂行の状況。学習ルールの理解。
　結晶性知能、流動性知能、ワーキングメモリー、情報処理能力（同時処理・継次処理）、
　難しい課題に向かう時の様子（モデルへの意識、手がかりへの反応、学習への気持ち）

◆教科による観察ポイント（得意なジャンル、苦手なジャンル）

　　国語：言語のキャッチ／書字／聞く力／文脈の捉え／言語表現／内言
　　算数・数学：課題設定の文脈の理解／手順の理解／操作性／論理的思考／概念の理解
　　理科：手順理解（実験・活動）／情報の捉え／目の前の事象の捉えと論理的思考
　　社会：情報（資料）への注目・読み取り／事実（エピソード）と分析の捉え／記憶
　　外国語：ローマ字表記／単語レベル／文理解／文法パターン／ことばでのやりとり
　　図工・美術、技術・家庭：手順理解／ゴールに向かう様子／発想／表現／集中
　　音楽、体育、一斉活動：各種技能（巧緻性）集団への適応／課題遂行・理解／表現
◆思考時の様子（思考のタイプ）
　　複数の情報の理解、複数の手順理解、既習事項を活かした学習の理解と活用、情報を関連づける思考（文脈の理解）、注意の持続、活動への集中度・所作、どのくらいの情報ユニットを記憶し、記憶をどう使っているか（ワーキングメモリー）。
　　課題のやり方による特徴（一問一答形式　穴埋め形式、語彙力、書字の困難さ、資料からの情報の抜き出し、自分の体験を活かす、繰り返し的な学習活動、問題解決的な思考、既習及び復習の活用、反復的な活動での様子、協働的学習への参加など）。
◆学習の証→ノートの書き方や文字の書き方、文章からいろいろなことが読み解ける。
　　例：書道の掲示から、手順、所作、注意力、空間認知、課題への集中度などがわかる。
◆気持ち面の様子→自己紹介の掲示から、得意、がんばっていること、目標がわかる。
◆発達と障害の特性→情報キャッチ、認知・思考、行動、フィードバックの特徴など。

（5）予想しながら見る、そして子どもの成長の手立てを見つけていく

　おおよその子どもの特徴がわかってきたら、次は、子どもの近未来の行動を予想してみる。先生が話し出す時。課題に取り組んでいる時。内容の難しさ、課題のジャンルによるONやOFFの様子や違い。OFFからONへの切り替えはどうやってできるか。もし予想通りの子どもの行動が見ることができたら、子どもの特徴が見えてきている手応えとなる。もし予想とずれていたら、なぜ予想とずれたのかを考えることで、微調整をする。観察の中で感じた子どもの行動予想と近未来の子どもの行動事実を照らし合わせることで、子ども理解の正確さを確かめていく。子どもの行動の意味を理解するためには、行動の事実をただ羅列的に見ないようにする。大事にしたいことは、子どもの行動の事実を文脈的に考え、子どものストーリーを読み解き、子どもの成長に向けた手立て（手がかり）を見つけていく（成長のパーソナルデザイン）。子どもの「行動の事実」を「子どもの特徴」「成長と課題」「今後の成長のための手立て」にまとめていく（30ページ参照）。

子どものぴったりを捉え、成長のパーソナルデザイン作成に向けて（巡回相談観察の視点）

特性を捉える視点	今日のエピソード	成長の変化と課題	手立て（協働的学習・個別最適な学習）
学びの様子	生活面での様子	伸びてきていること	授業のユニバーサルデザイン
情報キャッチ	学習面での様子	困っていること（ヘルプ）	・構造化　焦点化
情報処理	指示や説明への反応	今できそうなこと	・指示理解　活動の見通しとクリア
読み・書き・計算	注意集中　情報キャッチ	きっかけで変われそうなこと	・視覚化　多メディア
記憶	手順理解	どこを変えていくか	・共有化　グループダイナミズム
思考（習熟）	活動の目的性	どんなサポートで支えるか	・ルール
内言思考	ONの様子	さらに伸ばしたいところ	ちょいサポ（個別最適な学び）
実行機能	OFFの様子（切り替え）	とくに気になったところ	・プロンプト
ワーキングメモリー	全体とのリンク	（危うさと可能性）	・OFFからONへの切り替え
プランニング	課題達成時の様子	育てていくところ（ニーズ）	・行動調整のお手伝い
所作	学習の証	得意な課題	・短い視点、長い視点での目標化
感情調整	学習特性（認知面）	苦手な課題	学習スタイル（ステップ、コツ）
発達と障害特性	行動特性（感情面）	育てる時のコツ	・認知特性に合わせて
衝動性	教科による観察ポイント	成長の手がかりと方策	・発達特性に合わせて
自分世界	自律・自立的行動	自我の視点からのポイント	自我形成に向けて
理解のポイント	行動の実態と訳の理解	成長の核・際・コツ	子どもの行動と成長ための具体的手立て

（側注）Aちゃんの様子

＊観察と先生からのインテークで一緒に完成させていく。

6 発達障害の理解（ADHD・ASD・LD の特性）

（1）発達障害（神経発達症）とは

　発達障害は、脳の特性があることで、情報処理や課題遂行のプロセスで偏りや困難さ（Disorder・Impairment）を抱える。それによって、学習能力、行動や気持ちの調整、対人関係における問題を抱える（Disability）。これら「できにくさ」（difficult）から、学習や日常生活のさまざまなつまずきにつながってしまう。さらに、周囲の対応によっては、情緒や行動面で二次的なつまずきとして表れてしまう。

二次的な障害 情緒・行動面の不適応症状
学習や日常生活でのつまずき
できにくさ（difficult） ↑
学習能力、行動や気持ちの調整、 対人関係の問題 Disability
脳の特性 情報処理や課題遂行のプロセスで 偏りや困難さ（脳機能の問題） Disorder・Impairment

（2）注意欠如多動症（ADHD）—— Attention Deficit / Hyperactivity Disorder

　ADHD は、年齢や発達に比べ不注意、そして多動性、衝動性を抱える。

　不注意とは、注意力と集中力に欠ける状態である。必要な情報へ選択的に注意を向けることが弱くなり、その情報を得ることができず、結果、やるべきことがわからなくなってしまったり、場面にそぐわない行動になったりして、生活や学習におけるつまずきとなる。また、注意を一定時間持続することが難しくなることがある。とくに時間的に長い活動やくり返しの多い活動では、注意の持続が難しくなる。一方で、過集中を示すことがあり、興味関心のあることに没頭すると活動の切り替えが難しくなる。

　多動性とは、動きが多く、じっとしていられず、そわそわとして落ち着かない状態である。体の動きとしての多動性だけでなく、状況を踏まえないでおしゃべりが止まらないこともある。話題があちこちに飛びやすいこともある。

　衝動性とは、考える前に「思わず行動」してしまう状態である。目立つ刺激、目の前の刺激、気になる刺激にすぐ反応したり、思いついたままの行動をしたりする。すぐの結果を求めることが多く、ていねいに活動することが苦手なことが多い。また、叱責や失敗など、負の刺激に対してすぐ反応するため、感情コントロールが苦手となる。

　この不注意や多動性、衝動性は、情報処理や課題遂行のプロセスとしての〈情報の入力・キャッチ〉〈思考・判断・記憶〉〈情報の出力・行動〉〈振り返り・修正の受け入れ〉において次のような困難さを抱えることになる。

●**情報の入力・キャッチ** ▶ **不注意・衝動性で情報をこぼすことになる**

・ａ：目立つ刺激にすぐ反応し、その情報で頭が一杯になり必要な情報をこぼす。

・ｂ：複数の情報を順々にキャッチすることが苦手で、一部の情報のみを捉える。

・ｃ：目の前の目立つ刺激に引っ張られ、必要な情報をこぼす。

・ｄ：細かな情報に注意が向かず（不注意）、手順、条件などの情報を取りこぼす。

●**思考・判断・記憶** ▶ **思いつき、自分思考・判断になりがち、複数情報の処理が苦手**

・ｅ：次々に頭の中で思いつきが生じ、思考・判断がまとまらず、思いつきの行動に。

・ｆ：キャッチした情報のみ、わかる情報のみで目的や手順を早勝手に理解する。

・ｇ：活動に必要な手順組み立て（プランニング）が苦手。よく考えないままのプラン。

・ｈ：記憶を用いた判断や思考が苦手（ワーキングメモリーの苦手さ）。

●**情報の出力・行動** ▶ **行動と感情の調整が苦手、心的努力が苦手となる**

・ｉ：目のつくこと、気になることから行動してしまう。

・ｊ：状況に応じてルール・条件などへの反応と抑制が苦手。

・手順に沿った活動が苦手。

・正確さに欠け、ケアレスミスをおこしがち。

・すぐの結果を求める（例：列に並べない）。

・「面倒くさい」「できそうにない」との思いで活動や思考の切り替えが苦手。

・感情の抑制が苦手。相手の一言、出来事の一部を捉えて状況を判断せず感情を乱す。

・複数の手順、条件を頭に留めて活動することが苦手（ワーキングメモリーの苦手さ）。

●**振り返り・修正の受け入れ** ▶ **自分の主張と実際のズレから感情を乱し修正が困難に**

・出来事の一部を捉え、事実を正しく認識できない（本人にとっては心的現実）。

・他者の意見を落ち着いて聞けない。やりとりできない。自分の思いついた思考や行動を止められず、自分のペースで行動しやすい。自分都合で主張する。

・他者が受け入れるまで自分を主張する（自己顕示）。

・他者からの修正に反発する。

・試行錯誤（条件を見比べながらの検討）が苦手。

・結果の捉えがあっても適切な振り返りができないため、同じ失敗を繰り返す。

j: 状況に合わせた
抑制が苦手

f: 目的・手順などの
早勝手な理解

g: 手順組み立て
（プランニング）が苦手

i: 気になることから行動

e: 次々に思いつく
（脳内多動）

h: 記憶を用いた判断
・思考が苦手
ワーキングメモリーの苦手さ

a: 目立つ・関心ある刺
激にすぐ反応する

b: 複数情報を順々に
キャッチすることが苦手

d: 細かい情報に
注意が向かない

c: 目の前の目立つ刺激
に引っ張られる

ADHD の情報キャッチのいろいろなタイプ

これらの ADHD のできにくさには次のような特性が関連している。

- **選択的注意の困難**　必要な情報に注意を切り替えられず（選択的注意の困難）、情報を取りこぼす。目立つ刺激に引っ張られ、本来、キャッチすべき情報を取りこぼす。その結果、何をどうするかに結びつかない。出来事の捉えが部分的になる。

- **抑制（no-go）の困難**　自分が気になる刺激に衝動的に反応してしまい、状況に合った反応（go）と抑制（no-go）が難しくなる。その結果、何をすべきか、何をしてはならないかについて理解はできても、後先考えずに行動する。

- **継次処理の困難**　次々に出される情報を頭の中で処理、考えることできず、情報を関連づけて理解できない。ぱっと見で捉えられる情報に飛びつきがち。順を追った思考より瞬発力での言動になりがち（継次処理：情報を 1 つずつ系列的、時間的順序で処理する力。同時処理：複数の刺激を全体的に処理し、空間的に統合する力）。

●**言語の内言化が苦手**　言語を内言化することが苦手なため、行動調整に影響が出てしまう。思考がことば（外言）として出てしまう。黙って行動できない。自分の中での思考の積み上げが難しく、自分で行動を調整することが苦手となる。

●**プランニングの苦手さ**　目標の達成に向けて事前に活動の手順を計画すること（プランニング）が苦手である。目の前の刺激に反応してしまい、正確に情報をキャッチできず、頭の中でプランニングしないまま、思いつきの行動になりがちになる。

●**ワーキングメモリーの苦手さ**　作業や動作に必要な情報を一時的に記憶・処理すること（ワーキングメモリー）が苦手である。活動の目的・手順などの情報を頭に留められないため、目の前の刺激に反応し、当初の目的・手順を忘れ、思いつきで行動しがち。複数の手順がある活動では、手順が抜けてしまうことがある。

●**感情調整が苦手**　「できそうにない」「面倒くさい」と感じてしまうと、やる気スイッチが入りづらい。インパクトの強い刺激（失敗、「ダメ！」）に過反応してしまい、感情が乱れる。自分の望む結果がすぐに出ないと、気持ちの切り替えが難しい。

（3）自閉スペクトラム症（ASD）── Autism Spectrum Disorder

　DSM-5 では①社会的コミュニケーションと社会的相互の持続的な欠陥、②制限された反復される行動や興味や活動の様式の 2 軸が診断基準となっている。また DSM-5 より ASD が抱えやすい感覚の過敏や鈍麻が診断基準に加えられている。

　DSM-5 では、スペクトラム（連続体）の概念が取り入れられ、単に障害があるか、ないかのみを診断するのではなく、社会的コミュニケーション、限局された反復的な行動の重症度の度合い、発達段階や暦年齢による症状を含めて一人一人の状態を捉えることになっている。その捉えに基づき、支援の水準（レベル 1：支援を要する〜レベル 3：非常に十分な支援を要する）や内容を設定する（パーソナルデザインの必要性）。

　ASD における社会的コミュニケーションの困難さは、他者の心情を理解し、状況を捉えて、他者と適切に関わることの苦手さである。結果、言語コミュニケーションのみならず、身振りや表情などの非言語コミュニケーションを含めて、他者とコミュニケーションをとり、自分の気持ちを表現することが苦手となる。それはたとえことばによる会話ができても他者の感情や意図を捉えないまま字義通りに相手のことばを捉えてしまい勘違いの関わり方として現れることもある。また思い込みや勘違いのまま人に関わるため、社会的なルールやソーシャルスキルの獲得と使用が苦手になることがある。

　制限された反復される行動や興味や活動の様式としては、周囲から情報を適切に捉え

ることが苦手なため、自分が思い描けるこれまでの決められたルールや手順に頼らざるを得なくなり、こだわりとなる。さらに、状況認識に困難を抱えると、いつもと異なる予定やスケジュール、変更された予定やスケジュールに対して、不安になったり、納得できず混乱したりする。ASDの情報処理、思考、課題遂行、振り返りの特性をまとめる。

●情報の入力・キャッチ ▶ 限定的な情報のみに着目、複数視点の捉えができない

・自閉スペクトラム症は、いわゆる「木を見て森を見ず」の状態にあり、状況や文脈を踏まえず一部の情報のみを捉えがちになり、全体としての捉えが苦手となる場合がある。また、複数の情報を関連づけて捉え、思考、行動することに困難を示す。

・視覚優位か聴覚優位のどちらかになりやすい。

・感覚過敏で情報の捉えが限定的になる。

・情報キャッチが一部のみになりやすく（シングルフォーカス）、「AとB」があっても「A」と認識しやすい。

●思考・判断・記憶 ▶ 曖昧な情報になると思考・認識・判断がずれやすい

・他者視点（心の理論）の難しさがある。そのため、ことばを字義通りに捉えやすい。例えば、食事場面で母親から「おしょうゆある？」と言われたが、「取ってほしい」との他者の思考や状況を踏まえないままことばを字義通りに捉え、「あるよ」と答える。

・曖昧な表現を理解することが苦手。暗黙の了解が苦手。例えば、「ちょうどよく水入れてね」と言われても、曖昧な表現では具体的にどのくらいの量かわかりづらい。

・ファジーな状況判断が苦手。例えば、横断歩道を歩行中、信号機が点滅すると、渡ってよいのか、いけないのかの判断がつかなくなり、横断歩道上で困惑してしまう。

・見通しを立てることが苦手、予測することが苦手で不安につながりやすい。初めての活動や行事で不安を抱えやすく、混乱しやすい。

・パターン的(形式的)な思考になりやすい。例えば、
お母さんが天気予報をもとに「午後から雨が降る
みたいだから傘を持って行く？」と言われても、
未来予想の柔軟な思考ができず、「傘は雨の時」
というパターン的な思考になってしまい、傘を
持っていく理解につながらない。

●情報の出力・行動 ▶ 思考・認識・判断のズレか
ら来る偏った行動

・マニュアル通りの行動となり、ルールや約束をかたくなに守って行動する。マニュア
ルにはない行動ができない。逆にたくさんのマニュアルによって行動の幅が広がる。

・自分のパターンに固執し、いつもと違う変化に困惑
する。

・自分視点のまま他者と会話し、関わってしまう。

・勝ち負けにこだわり、負けることを極端に嫌がる。

・パーフェクト思考で、テストは100点でないと嫌。

・物理的、心理的なパーソナルスペースがあり、そこに踏み込まれることを嫌う。

●振り返り・修正の受け入れ ▶ 心的現実と客観的事
実のズレによる修正の難しさ

・自分の行為を客観的・肯定的に捉えることが苦手。

・心的現実と客観的事実のズレにより正しい理屈や方
法を教えられてもなかなか受け入れられない。

・不快体験が残りやすい（フラッシュバック）。

（4）限局性学習症（SLD）── Specific Learning Disabilities

①情報処理の困難から生じる学習などでの困難さ

　LDにおける情報処理の困難さとして、まず脳の機能障害によって、情報処理能力に
偏りが生じる。視覚情報としての文字や図形、また聴覚情報としての音声言語や音を入
力し（見る・聞く）、その情報を脳で統合・記憶し（処理・統合）、脳で処理・判断され
た情報に基づいて出力する（話す、書く）という情報処理過程のどこかで困難さを抱え
ることになると考えられる。その情報処理能力の偏りによって、聞く・話す・読む・書
く・計算する・推論するといった基礎的な学習能力のうち特定のものの習得と使用に困

難さが生じる。そして、教科学習や日常生活でのつまずきが生じることになる。

②聞く・話す・読む・書く・計算・推論のつまずき

●聞く：聞き間違いがある、聞きもらしがある、指示の理解が難しい、複数の指示になるとわからない、話し合いの流れが理解できず、ついていけない。

●話す：内容的に幼い・乏しい話をする、話の筋道をたてられない、内容をわかりやすく伝えることが難しい、ことばにつまる。イメージや思考の言語化が苦手である。

●読む：文字の読み間違い、音読が遅い、文中の語句や行を抜かしたりまたは繰り返し読んだりする、勝手読みがある、文章の要点を正しく読みとることが難しい。

●書く：字形や大きさが整っていない、鏡文字を書く、独特の筆順で書く、漢字を覚えづらい、文字・漢字の細かい部分を書き間違える、特殊音節や句読点を間違う、限られた量の作文や決まったパターンの文章しか書かない。

●計算：数の意味や表し方の理解が難しい、計算や暗算ができない、九九が覚えられない、量の比較や量の単位の理解が難しい、文章題、図形問題を解くことが難しい。

●推論する：事物の因果関係を理解することが難しい、目的に沿って行動を計画し、必要に応じて計画を修正することが難しい。

ADHD 注意欠如多動症	□不注意　□多動性　□衝動性				
入力 情報キャッチ	⇒	**概念 思考**	**記憶**	**判断 汎用**	⇒ **出力 行動**

入力	概念思考	出力行動
□刺激にすぐ反応	□内言思考の苦手	□目につくところから活動
□ノイズに過反応	□細かい条件の正確さ、勘違い、早勝手	□正確さ、ケアレスミス
□選択集中の苦手	□複数条件、長い文脈の読み取りの苦手	□手順複雑、面倒くさい
□処理できないうちに次に反応	□行動のプランニング（手順）の苦手	□状況に合ったno-goが苦手
□集中の持続が苦手	□思考の持続の苦手	□試行錯誤の苦手
□継次処理の苦手	□思考の再考、多角的視点の捉えが苦手	□活動の持続
□他者の意見	□記憶を活かした選択、判断が苦手	□ポイントを意識した活動
□メディアによって細かい情報の見落とし	□複数の記憶や作業の苦手、忘れやすい	□ゆっくり、ていねい
□関係性の把握での条件の見忘れ、全体と部分の関係性	□あらかじめの答えの見立て、自分の思い込み	□単純操作の苦手
		□ルールを守れない
		□自己イメージと実際の実行機能のズレ
		□感情と行動、テンションのコントロールが苦手

フィードバック

□自己視点（1つの条件のみで判断）自分意識が強くなってしまう　□他者の意見の聞き取り、やりとりが苦手
□他者からの行動の修正に興奮、ダメ出しに過敏　□言い訳、ごまかし　□他者の動き、気持ちに合わせる
□自己顕示欲　□すぐに結果を求める　□興奮感情の調整・攻撃性　□確認を次に活かす時に忘れてしまう

ADHD における情報処理、課題遂行のプロセス

ASD（自閉スペクトラム症）

□対人のコミュニケーションの苦手
・他の人と社会的やりとり、気持ちの伝え合いの苦手
・ことばを使わないコミュニケーションの苦手
・社会的な関係を築く、維持、理解の苦手

□こだわり・常同行動
・特定の動きやことばを繰り返す
・特定な物事に強い関心、こだわり
・特定な感覚の過敏または鈍感

入力 情報キャッチ ⇒ 概念 思考　記憶　判断 汎用 ⇒ 出力 行動

□シングルフォーカス □1対1対応 □木を詳しく見過ぎてしまい、森が見えづらい □視覚優位 □聴覚優位 □目的の対象を柔軟に取り入れる □構造化による違い（視覚化、ラベル、枠、パターン） □過敏な感覚 □快・不快の偏り	□継次思考（一本道）・パターン的（形式的） □予定変更の苦手　　□優先順位の苦手 □文脈的意図の理解の苦手　□字義通りに理解 □1対1対応型の情報処理が多い □イメージすることの苦手　□工夫が苦手 □他者視点（心の理論）の難しさ　□共感の苦手 □言外の意図の把握が苦手、暗黙の了解の苦手 □自己表現が苦手、自由な表現が苦手

□見通しがないと不安 □自己ペース　　□こだわり □活動内容による集中のムラ □活動の切り替えが苦手 □2つ以上同時に活動が苦手 □状況把握、判断の苦手 □苦手な道具、操作 □みんなと一斉の活動、グループ活動での協調が苦手 □ルールの取り入れ □勝ち負けのこだわり □パーフェクト志向

フィードバック

□視覚化できない概念の理解の苦手さ　□1つの条件のみで判断　□関係性の把握の苦手　□不安傾向
□視覚パターンで処理　□パーフェクト志向・行動の訂正の苦手　□心的現実と客観的事実のズレ
□不快体験が残りやすい（フラッシュバック）　□自分の行為を肯定的に捉えることの苦手さ

ASD における情報処理、課題遂行のプロセス

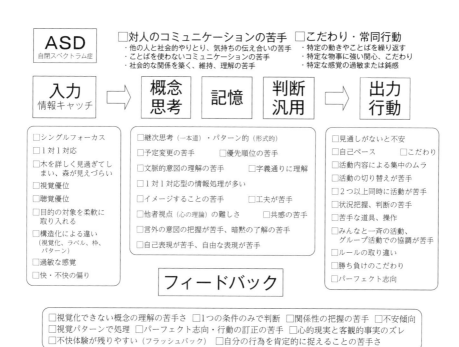

LD（限局性学習症）

・学習や学業的技能の使用に困難（読字、読んでいるものの意味を理解する、綴字書字表出、数字の概念、数値、または計算を習得する、数学的推論）の困難さ（読む、書く、話す、聞く、計算する、推論する、などの極端な困難さ）

入力 情報キャッチ ⇒ 概念 思考　記憶　判断 汎用 ⇒ 出力 行動

□伝達のメディア（聴覚、視覚）による違いが大きい □図と地の読み取りの混乱 □学習内容による好調、不調が大きい □指示内容の理解が難しい時がある □因果関係による手順の整理	□とくに苦手な教科・活動がある □複数条件の関係・語彙・論理的文脈・概念理解 □意図の把握・情報量の限界 □同時処理または継次処理の偏り □ポイントのズレ　　□気持ちと結果のズレ □文字と音の変換（聞く、読む、書く）のミス □聴覚認知が苦手　　□視知覚認知が苦手 □情報量による難しさ　□命名記憶が苦手 □情報の内容による記憶の苦手

□活動が止まってしまう時がある □課題内容によってスタートが出遅れる □得意、不得意よる気持ちの揺れ □苦手な分野への抵抗感 □困って動けない不安・登校をしぶる □ルールの理解が難しい時がある

読む↓ ディスレクシア
書く↓ ディスグラフィア
算数↓ ディスカリキュリア

フィードバック

□得意、不得意が行動に影響を与えている　□自虐的、逃避的になってしまう
□不安そうになったり、困ったりしている時がある　□過去の負の体験が行動に影響を与えている

LD における情報処理、課題遂行のプロセス

7 「ぼくらしい輝き」の成長プロセスへ（パーソナルデザイン）

（1）ワーキングメモリーが苦手な子のパーソナルデザイン

　話を聞けない。話を聞いているうちにボーっとしてしまう。板書を書こうとしても止まってしまうことがある。活動をどこから始めるのかわからなくなってしまう。学習したことの成果が見えづらい。このような「やりづらさ」を抱えている子がいた。

　この子の成長プロセス（パーソナルデザイン）を考えてみよう。

理解 この子の活動の様子をよく見てみよう。書こうとする時には、一文字ずつを何度も何度も確認しながらやっと書いている。活動の手順を忘れてしまうのか止まっている。聞いたことを記憶することに困っている。どうやらワーキングメモリー（活動するための短期記憶）が苦手なように見える。ワーキングメモリーの「できにくさ」が活動の「やりづらさ」を生んでいるようだ。

　では、このワーキングメモリーが苦手な子どもに対して、どのような成長プロセスを考えていけばよいのだろうか。ワーキングメモリーができないからといって、すぐにその「できにくさ」を何とかしようと、いきなり「ワーキングメモリーを高めるトレーニングをしよう」から始めても、子どもは苦手な活動に正面から向き合って取り組むことは難しい。かといって、「できにくさ」をそのままにしていれば、「やりづらさ（不利）」は残ったままになってしまう。そこで、次のようなステップで考えていく。

リード的活動対応 ワーキングメモリーの苦手さがある子には、話を聞く時に、見える手がかりを手元に置き、内容のポイントに印をつけながら聞けるようにする。板書の内容を手元に置き、その場で見ながら写しやすくする。記憶を必要とする学習内容については、残る手がかり（活動表、手順表、漢字表、九九表、ひらがな表、命名表、各種プリント、既存学習ヒントコーナーに残す）をいつでも見られるようにする。大事な内容は、必ず復唱（Ｉ copy）しながら進める。子どもの「できにくさ」はすぐには変えられないが、「やりづらい」活動をやりやすいような環境にあらかじめ整えていく。

ちょいサポ的活動対応 次に、大事なポイントでの個別的な声かけ。困っていそうな時には、１番に指名しないで２番目以降に指名する（モデルを見ることで覚える機会が増える）。大事な内容を付箋で手元に残しておく。忘れたことを思い出せるようなリマイ

39

ンダーを作る。忘れやすいキーワードのお助けカードを作る。連絡帳を書く時間をしっかり確保する（時には、キーワードだけでも書く。メモを残せるように手伝う。実行できたか自分でチェックを入れられるような枠も付ける）。忘れてしまった内容、ことばをヒントで誘導していく。忘れて困った時のサインを決め、お手伝いしやくする。たとえ子どもに「できにくさ」があっても、その子に合ったちょっとしたサポート（その子ならではのちょいサポ）で活動をできるようにしていく。

学び的対応 次のステップとしては、最初から手がかりを頼るのではなく、少しでも自分の覚えたことを思い出しながら、手がかりをちら見して活動することを目指す。覚えたい内容を少しずつマスキングし、覚える量を増やしていく（マスキング学習）。わからなくなったらマスキングを外してちら見する。記憶を確かめる手がかりを使う。忘れやすいキーワード集、公式集、テスト前のここだけ覚えて表などを作り、記憶を補強しながら覚えていく。復唱トレーニング（量・内容のスモールステップ化）や記憶力トレーニング（記憶で２択・３択問題、神経衰弱、短期記憶で行う語音整列、暗算、離れた場所に記憶したカードを選ぶ学習など）で記憶のコツを見つけていく。子どもの活動の充実感を大事にしながら、一つ一つ「できにくさ」の課題をその子に合ったスモールステップで学習していく。

自我的対応 マイメモ作り。大事なポイントのカラー化。リマインダー。大事な内容をいつも決まった場所に貼っておく。カレンダーの活用。検索アプリ、メモアプリの活用。定期的確認・チェックの習慣化。自分に合う活動のルーティン化。「できにくさ」に合わせた自分なりの工夫・調整（セルフコントロール）で活動のトラブルを少なくしていく。

（2）パーソナルデザインの４つのステップ

　このように、その子ならではの成長プロセス（パーソナルデザイン）を

❶理解 → ❷活動 → ❸学び → ❹自我 という４つのステップで捉えていく。

❶理解 ▶ 子ども活動上のヘルプ（やりづらさ）に気づく。「やりたくてもできないんだよ」ともがいている子どもたちの行動や成長に影響を与えている「できにくさ（difficult）」を理解する。「できにくさ」を障害特性（ASD・ADHD・LDなど）の視点から把握する。その現れ方や深さは、子ども一人一人違っているので、その子の特徴を分析する（アセ

スメント)。自閉「スペクトラム」と呼ばれているように、「障害がある、なし」と見るのではなく、「できにくさ」がどのくらいその子に影響を及ぼしているのか、その影響の度合い(スペクトラム:影響の強さを連続的に捉える)で様子を捉える。

衝動性の影響：子どもたちの「できにくさ」(difficult)

「できにくさ(difficult)」を、疾患(Disorder)、機能障害(Impairment)、能力障害(Disability)の3層で捉える。もちろん、発達障害の疾患については、まだ明らかになってはいないが、理解の前提として、疾患があると理解することで、子どもが抱える困難さにきちんと向き合うことができる。決して、子どもの態度や気持ちの問題が先にあるわけではなく、「できにくさ(difficult)」の影響を正しく理解する。だからといって、疾患レベルでの問題を変えること

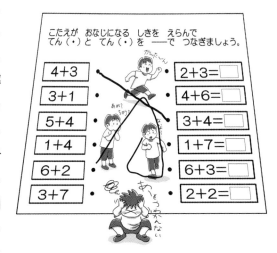

は難しくても、機能や能力については、課題や活動の工夫、子どもの学習によって成長できるかもしれないと、今後の可能性を探っていく。簡単なことではないが、その子に合わせた活動を作っていくことで、能力のだんだんのステップアップを模索していく。たとえ「できにくさ」があったとしても、活動を変えていく可能性を探っていく。

　子どもが抱えている「できにくさ」を理解できると、子どもたちの「やりたくてもできないんだよ」と、もがいていた、もどかしい気持ちをわかってあげられる。子どもの気持ちに寄り添いつつ、子どもの行動、学習、気持ちのヘルプ(やりづらさで困っていること)を理解しつつも、成長へのニーズ(成長の可能性を実現していくために必要なこと)を見つけていく。子どものヘルプとニーズを理解していくことは、その子に合った成長プロセス(パーソナルデザイン)を考えていく土台になっていく。

❷活動 ▶ すぐに、子ども本人の「できにくさ」を変えることはできないが、活動のやりやすい環境作り(リード的対応　ユニバーサルデザイン)やちょっとしたサポート(ちょ

いサポ）で少しずつ活動できる状態を作っていく。活動や参加の難しさを本人のせいにするのではなく、活動や参加を高めるために、あらかじめの環境調整を図っていく。活動や参加を制限しているバリア（環境面のバリア、課題設定バリア、心理的なバリア）について、あらかじめの対策・調整（リード）をしていく。リード的対応（あらかじめの工夫、ユニバーサルデザイン）で、なるべく多くの子どもが活動・参加しやすいようにしていく。環境、カリキュラム、授業・教え方、教材・教具（アクセシビリティ）、学級経営、人（サポーター、ファシリテーター）などの工夫によって、子どもがやりやすいスタイルにしていく。これは、合理的配慮の「基礎的環境整備」にあたるが、障害の有無にかかわらずすべての児童生徒が意欲的に参加できるためのやり方に通じる。その上で、個々の子どもに応じたサポートを行っていく。本人の「できにくさ」や外側の環境因子によって、活動や参加のやりづらさは異なってくるが、やりづらさの問題（バリア）にはあらかじめ対策し、やりやすさの充実の中で、できる活動のスモールステップを目指していく。リード（ユニバーサルデザイン、より多くの子に通じるあらかじめのバリア対策）とちょいサポ（その子ならではのパーソナルデザイン的サポート）の両輪で子どもに合った活動スタイルにしていく。

【リード的対応】あらかじめやりやすい環境作り、活動のやりやすさを目指していく。バリア（環境因子のやりづらさ）への対策を行うことで、「できにくさ」の状態を変えていく。本人の特性から生じる「できにくさ」とバリア（環境因子）によって生じている問題を分析し、たとえ「できにくさ」があったとしても、子どもの力が最大限に発揮しやすい状態（やりやすさ）をあらかじめ考えていく。

【ちょいサポ的対応】たとえバリア対策しても、子どもだけでは難しい時がある。こういう時には、ちょいサポ（子どもの力はそのままでも、活動を変えていくサポート）によって「小さなできた」を積み上げていく。その子の「できにくさ」とニーズに応じたちょいサポ（構造化、小さなできたへのコツ、見える化、プロンプト、行動調整、耳打ちのことばかけ、OFF から ON への切り替えなど）が求められる。ちょいサポで子どもの活動や学習を少しずつステップアップしていく。また時には、その子の特性を活かした活動参加を促すこともある（例：落ち着きのない子どもの場合、刺激に反応しやすい特性をプラスに活かし、グループ発表時において指し棒係をやってもらうことで、気になる行動をポジティブな活動へと切り替えていく）。

　課題設定においては、子どもが「できそう……」と思えるステップを準備し、「小さなできた」の積み上げをしていく。他にも、子どもの活動を生み出すためのさまざまな

サポートの方策（コツ）を行っていく（第2章参照）。

❸学び ▶ 活動を変えていくことで、学びの充実を図っていく。本人なりの学びの積み上げが生み出す活動や成長の変化を大切にしていく。その上で、さらに成長に影響を与えている「できにくさ（核）」をスモールステップ（際）で学んでいく。学びの中に、少しずつ「できにくさ」そのものをトレーニングしていく要素を盛り込んでいく。「できにくさ」への対応を学んでいくことは、「成長の可能性」を広げていくことにつながる（例：衝動性の強い子にとって、継次処理、ワーキングメモリー、行動調整などの課題。ASDの子にとって、いろいろな視点から読み取りなどの課題）。苦手なことに取り組む時には、インスタントサクセス（達成感の得やすい課題）や特性に応じたコツを大事にする。

❹自我 ▶ サポートによって「あたかも自分」で取り組めてきた活動や学びから、サポートをフェードアウト（少しずつ少なくしていく）し、徐々に自分の力で活動できることを目指していく。その際、大きな意味をもってくるのが、誰かと一緒に行ってきた成功体験（誰かに助けてもらった調整）である。成功体験の中でつかんだコツを自分の中に取り入れていく。「できにくさ」があったとしても、自分に合った参加、充実、育ちを作り、自分の「できにくさ」と向き合っていく「自我」を育てていく。自分にとってのバリアやノイズを予測し、自分で調整・対応できるようにしていく。時には応援することもあるが、子どもの踏ん張り・試行錯誤を見守っていく。自分の力で生まれた成功体験を記録し、今後に活かしていく。個々の子どもの「できにくさ」をサポートしつつ、子どもの自我（セルフコントロール）を少しずつ育てていくことも目指していく。

（3）この子にぴったりの「パーソナルデザイン」を見つける

　「できにくさ」（障害の特性）を抱えながら生きている子どもたちをどうやって支え育てていけばいいのか、この子たちらしい輝きや生き方をどうやって応援できるのか、とても難しい課題である。多くの場合、まず始めに、子どもたちの「できにくさ」をなんとかしたいと関わっていくことが多い。しかし、実際のところ、すぐに子どもの「できにくさ」自体を変えることは難しい。だからといって、「助けて」と子どもが困っている状態がずっと続いていくことは変えてあげたい。

　そこで、次のプロセスを考えていく。

①目の前のこの子のヘルプ（今の苦しみ）とニーズ（成長の可能性）に寄り添い、「この子のぴったり」を**理解**していく。

②たとえ「できにくさ」のために子ども一人では難しくても、この子にぴったりのノウハウとコツでちょいサポし、この子に合う**活動**スタイルを見つけていく。

③この子にぴったり合う活動と学びのスタイルが、活動と**学び**の充実を作っていく。

④活動と学びの充実の積み重ねが、すてきな自分作りにつながる**自我**を育んでいく。

このような成長のプロセスで、目の前のこの子の今・成長・未来を育んでいきたい。

この子にぴったりのノウハウとコツで、この子の中の可能性が動き出すスタイル

「パーソナルデザイン」を見つけることで、「できにくさ」を乗り越える可能性やこの子たちらしい輝きを目指していく。子どもたちが求める「パーソナルデザイン」が見つけられた時、私たちの「救いたい」の思いが子どもたちの「助けて」を包み込んでいく。

＊今まで、個の視点としては「individual」という言葉が使われることが多いが、集団の中の個に寄り添い、活かしていく意味合いを込め、「personal」という言葉で表現する。

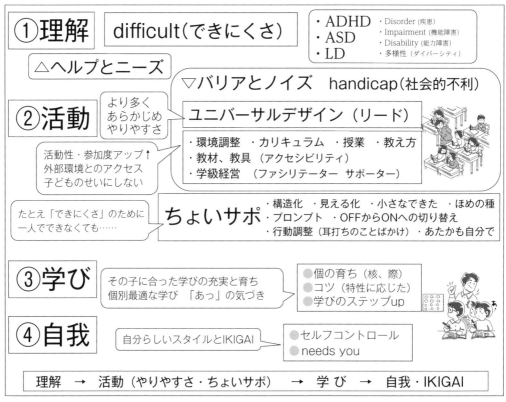

障害とサポートの構造図 ― 子どものヘルプとニーズに寄り添って

第 2 章

「活動」を育てる
ユニバーサルデザインと
ちょいサポ

1 みんなが活動しやすい ユニバーサルデザイン

（1）より多くの子どもが活動しやすいユニバーサルデザイン

「なんだかざわざわしていて落ち着かない」「いつもわからなくなっちゃうんだよね……」「つまんないんだよ……」と子どもの心の声が聞こえてくることがある。教室に生ずるノイズ（余計な刺激・情報）や何を、何のために、どのようにするのかがわからない状況、同じ活動が繰り返される状況などは、授業・活動に参加していくうえでのバリアとなる。

より多くの子どもが活動しやすいようにユニバーサルデザインが求められる。落ち着いて、安心して過ごせる教室で、「今から何を勉強するのかな」「やってみたいな」「どうなるのかな」という気持ちに加えて、「それをすればいいんだね」というゴールや活動への見通し、「こんなふうにするんだね」という手順が理解できれば、子どもたちは授業に参加しやすくなる。単に話を聞くだけでなく、見てわかることもでき、緩急のある活動設定だと授業への参加もアップし、持続する。さらには、友だちや先生に支えられ、ほめられ、認められることによって次の活動へのエネルギーになる。

今すぐに、子ども本人の「できにくさ」を変えることはできないが、環境面や課題設定から生じるバリアとノイズを変えると、子どもの活動や参加を促すことができる。

より多くの子どもが活動に参加しやすいユニバーサルデザインとして、〈環境調整、構造化、焦点化、指示の工夫、視覚化・多メディア、見通し（ゴールクリア）、共有化、集団での学び、安心感・達成感〉が求められる。

（2）みんなが活動しやすいユニバーサルデザインの具体

①環境の調整

活動や参加を制限している環境のバリアを取り除く。わかりやすいルールを事前に提示する。

●**図と地**　環境を整える際の原則としては、「図と地」の考え方が必要である。図は、捉えるべき情報であり、地は、背景の情報である。必要とする情報が読み取りやすいように、図を強調したり、地がノイズにならないようにしたりする。また、情報が多すぎると必要な情報が捉えられないため、情報量を考慮することも必要である。少なすぎても正しく捉えることができない。

●**ノイズカット**　活動や学習を阻害しそうなノイズ（暑さ・寒さ、光、ひらひらする掲示物、環境音、教室内でのおしゃべりなど）をあらかじめ減らし、先生の指示・説明や友だちの発言などの情報がキャッチしやすい環境を整える。

●**パーソナルスペースの確保**　活動しやすいスペース、安心でき心理的な負荷にならないスペースなど、子どもたちに合ったパーソナルスペースを作っていく。

●**物・道具の片付け手がかり**　掃除道具をしまうロッカーの内側扉に、道具の片付け方を写真で示す。また、机上での物の置き方、机の引き出しへの物をしまう位置、教室のうしろのロッカーへの物の入れ方を事前に決めて、視覚的に提示する。

●**教室内における見てわかる情報**　ルールや学習した内容・公式などを教室内に掲示する。ルールの掲示では、「声のものさし」（話をする際の声の大きさ段階表）、今週の目標などを教室に掲示し、ルールを意識して行動する手がかりとする。その際、単に掲示するだけでなく、ルールを守るべきタイミングで、ルールを改めて確認してあげて、ルールを守ることにつなげる。学習した内容や公式などの掲示をすると、授業中に既習事項の想起としても用いることができ、学習への参加を高めることができる。

②**構造化**

　やってほしい活動や求められている活動について、いつ、どこで、なにを、どのようにするのかについて、直観的、視覚的にわかりやすく伝える。活動全体の関係性や流れが一目瞭然で感じられるようにする。

●**スケジュール提示**　授業における学習活動の流れを先生の頭の中だけに置いておくのではなく、スケジュールのように子どもたちに目で見てわかるように示す（視覚化）。今、どこを学習しているかをマグネットなどで示すことで今、何をするのかが明確になる。

●**ルーティン・フォーマット**　登下校時での荷物の提出・準備、授業が始まる前の準備をルーティン化する。また、理科の実験の授業では、導入・テーマの説明→予想→実験計画→実験・観察→結果→考察という一連の流れを一定のフォーマットとして提示されると子どもたちは活動への見通しがもちやすくなる。

●**時間や活動量への見通し**　タイマーなどによって活動時間を提示したり、「〇回やってみよう」「〇問までやってみよう」と活動量を示したりすることによって、活動への気持ちの切り替えや集中力持続を促す。

③**焦点化**

　情報を絞ってシンプルに伝えたり、活動の時間や量、内容、目標のポイントを絞ったりする。情報キャッチをしやすくするためには、情報自体にいろいろな要素を混在させ

ないようにする。話や活動の論理展開をわかりやすくすることも重要である。

●**授業の導入時での情報**　授業導入時では、授業全体へのイメージを持たせるために前時の確認をして（「129 − 53 の引き算をしたね」）、本日の問題を提示する（「146 − 89 のひっ算をしよう」）、問題を図・絵で示して、今までの活動・学習とつなげて、同じところ・違うところを確認して、どのようにするかを予測させ、改めてポイントを説明する（「くり下がりはどこから？」「くり下がりでは何に気をつけるといいかな？」）。

●**活動量・時間**　１つのまとまりのある活動（ユニット）において注意が持続できる活動量や時間を考えていく。

●**今、何をするか**　子どもたちが授業の活動要素がつかめるようにする。活動要素としては、教科書や物の準備、指示を聞く、思考（考える）、課題への取り組み（書く、作業する）、話し合う、発表する・意見を言う、振り返るなどである。必要に応じてこれらを視覚情報含めて伝えていく（例えば、「聞く」「考える」のカードを提示）。一方、課題の把握→個人での取り組み→発表→まとめ、課題の把握→予想→実験→発表→確認・まとめといったように授業の流れの中で今、何をするかを把握できるようにする。

●**一度に複数の活動を行わない**　子どもたちは活動している最中に、注意事項などを追加的に説明されると、活動しながら話を聞くことになる。しかし、注意の切り替えがスムーズでないと自分の活動のみに集中してしまい、追加説明を聞き逃す。子どもたちの活動を一度、中断して、注意を引き直してから追加説明をする。

④**指示の工夫**

　活動や理解につながるための指示をわかりやすくシンプルに伝える。指示・説明をする前に子どもたちの注意を十分に引き、わかりやすいことば、イメージのわくことば、情報キャッチしやすい伝え方などを工夫し、子どもたちに伝わっているか、どのように思考しているかを意識して伝える。

●**先生の立ち位置**　先生は、さまざまな情報源となる。そのため、先生が全体で指示・説明をする際には、子どもたちを正面から見渡せる位置が基本である。一方で、子どもに関わる際には、子どもの目が見え、手元が確認できる位置や姿勢が重要である。

●**注意の切り替え**　授業の合間、活動の区切りにおいて、または注意が途切れがちになってきた時に、注意を切り替える活動や切り替えの一言を伝える。全員で姿勢を整えるなど、切り替えの活動を行う。姿勢を正すことそのものが目的ではないが、姿勢を整えることによって注意の切り替えを行う。また「さあ、はじめるよ」と伝えたり、話題を変えたりするなど気持ちを切り替える一言も必要である。

●**注意を向ける対象の限定**　先生などの人に対してだけではなく、黒板・モニター、手元の教科書・プリントに対しても注意を切り替える必要がある。黒板やモニターには指し棒によってどこに注意を向けるべきかを伝える。手元の教科書・プリントに対しては、単に「○○見て」と伝えるだけではなく、「○○指さしてごらん」と伝えることも有効である。その指示を聞き逃した子どもでも周囲が指さしている場所を確認して、必要な情報を得ることにつながりやすくなる。

●**わかる、イメージできることば**　子どもたちの思考や行動につながることばを用いる。小学校2年生に「○○と◇◇の長さを比較してごらん」と伝えて、思考や行動につながらないならば、「比べて」と言い替える。または、「まず○○の長さを測って、次に◇◇を測って、そして、どちらが長いかを考えて」と子どもたちの活動を具体的に言語化して伝える。時には「静かに廊下を歩いて」と言うよりは、「忍者のように廊下を歩きましょう」と子どもたちがイメージをもちやすいように伝える。

●**語調（プロソディー：韻律）を豊かに**　子どもたちが情報キャッチしやすいという観点で、指示や説明のスピード、声の大きさを心がける。大事な情報を伝える際には、スピード、トーン、大きさを変化させ、間を取って子どもたちに情報をキャッチする構えを作る。また、情報を頭の中でめぐらす時間のために間を作る。スピード、間、トーン、大きさは、子どもたちにとってポジティブなエネルギーにも、負のエネルギーにもなる。何よりも子どもたちを勇気づけ、安心する声の出し方を心がける。

●**非言語的動作の活用**　アイコンタクト、OKサイン、動作やアクションも大切な伝達手段である。それによって子どもたちと気持ちを共有しやすくなることもある。

●**情報量の調整**　指示や説明の情報量が多くなってしまうと子どもたちはその情報を記憶に留めきれない。1つの指示に対して、1つの活動を原則としたい。あわせて、子どもたちの記憶できる量を確認しながら情報を伝えたい。

●**情報の構造化**　伝える情報に構造があると子どもたちは情報をキャッチしやすくなる。例えば、「やること3つあるよ。1つめ○○、2つめ◇◇、3つめ△△」のように伝えることは、前置きとして何をキャッチするべきかの構えを子どもたちに作り、また数字が手がかりとなり、情報を順を追って整理（継次処理）することになる。また、子どもたちの意見を板書した際に、関連する情報を同じ色で囲むと、情報の関係性を整理（同時処理）して捉えることができる。

●**具体的な指示**　あいまいな表現を少なくする。「ちゃんと」「はっきり」「しっかり」では、何をどのようにしたらよいかわかりにくい。「あっち」「こっち」「たくさん」「す

こし」「だいたい」では、どこで、どのくらいすればよいかわかりにくい。目的、ゴール、手順、場所、量、回数などを具体的に指示する。

●**肯定的なことばかけ**　「○○しないと◇◇できないよ」ではなく「○○したら◇◇できるよ」との肯定的なことばかけをする。「○○しないと◇◇できないよ」の否定的なことばかけをすると、その後の関わりも否定的になり「まだ、○○できていないじゃない……◇◇はなしね」になってしまう。

⑤視覚化・多メディア

　音声言語による指示のみならず、見える指示、残る指示など見える手がかりも合わせて伝えていく。音声言語での情報を順々に継次処理することが苦手な子どもには、情報が見てわかることが重要である。また、活動に必要な情報を残すことによって、活動の手がかりとなる。

●**見える手がかり、残る手がかり**　言語指示だけでなく、視覚的な情報も合わせて示すことによって、情報をキャッチしやすくする。視覚的な情報としては、文字、図、絵、写真、動画だけでなく、見本も含まれる。残る情報であれば、仮に言語指示を聞き逃したり、忘れてしまったりしても、その情報をリカバリーすることができる。また動画での会話や解説が文字化（字幕）されると情報がキャッチされやすい。

●**学習のよりどころ**　活動中や活動した後に、その活動でよかったかを確認する情報「ここを見れば大丈夫」が事前に示されていたり、残っていたりすることが必要である。例えば、活動の見本や手順を残して提示する。また、既習事項、学習のヒント（九九表、公式、ヒント、回答例など）を提示する。さらには教科書やノートのどこを見れば取り組めるかを事前に伝えておく。時には周囲の友だちの活動が確認のための手がかりともなる。

●**動と静**　活動には、聞く、見る、思考する、動く、操作する、書くなど、いろいろなやり方がある。学習活動においてメリハリのある活動設定が必要で、静（聞く、思考など）と動（話す、作業など）のメリハリを設ける。個人での思考と集団での思考、全員が集中する時間、静になる時間でメリハリを作る。時には、一問一答形式、クイズ形式の導入をしてメリハリを作る。一方で静（集中）を効果的に入れる。授業の合間に気持ちの切り替えを行うことが重要である。

⑥見通し（ゴールクリア）

　何を、何のために、どうやって学ぶのかを明確にし、ゴール（学習の目標）までの見通しをもてるようにする。

●**ゴールや活動への見通し**　毎時間、必ずめあて（「〜ができる」「〜がわかる」）を黒板に書き、この時間でどこまでできるようになればいいのかを示す。また、めあてに向けての活動は何をするのかを伝える。その際、単に活動レベルでのめあて（例：「13 − 9 のけい算ができる」だけを提示するのではなく、子どもたちの思考に添った発問（「13 − 9 はどうやって引けるかな？」）も工夫することが重要である。

●**聞いて・見て・やってみて**　活動するには「これをするんだ」というゴールへの見通しと「こんな手順でやればよい」という手順へのイメージをもつことが必要である。指示を聞くだけでなく、見本を見て、さらには実際に一度やってみて、時には既習事項と結びつけることによって、活動へのイメージがわくことがある。さらには、実際に活動する前に頭の中で一度シミュレーションをしてイメージを作る機会とする。その際、手順表のように「残る手がかり」があると手順を忘れやすい子どもは安心できる。

●**見本の提示**　活動へのイメージをもちやすくするためには見本を提示する。見本にはゴールを示す見本（完成した作品など）と手順を示す見本がある。手順を簡単なことばで伝えると、そのことばによって、手順のポイントが理解でき、手順を覚えたり、思い返しやすくなったりする。

●**事前の失敗回避情報**　活動へのイメージをもつためには、どんな時に失敗しやすいかを事前に説明することも必要である。「○○するとうまくできるけど、◇◇してしまうと失敗するから気をつけてね」「△△の時には◎◎をするといいよ」など、事前に伝える。

●**活動の過程**　子どもたちが活動する過程として、概要理解（目的・手順・ポイントの理解）→活動（思考・行動を一緒にまたは自分で）→理解（内容を整理して理解、手順やコツを理解、それらを記憶）→確認（もう一度行う、反復する、他者に説明する）→応用（似た活動で取り組み、生活の中で活かす）など挙げられる。このような活動の過程を 1 つの授業、または単元を通して構成する。

⑦**共有化**

　思考を言語化させ、友だちの発言や考えをクラス全体で共有し、改めて思考につなぐ。

●**情報の橋渡し**　一人の子どもの発言をみんなにつなげることによって、集団での思考を促す。「なるほど、○○ということだね」「それは△△っていうこと？」などと子どもの発言を整理したり、読み取ったりしたうえで、クラス全体に情報を橋渡しする。

●**伝わり具合の確認**　指示や説明は先生から発信すれば終わりではなく、情報が子どもたちに伝わっているのか、子どもたちの情報キャッチの様子を確認しながら、指示・説明をしていく。

⑧集団での学び

　一人では活動しにくくても周囲の友だちが見本となったり、きっかけとなったりして活動への参加を促すことができる。友だちの活動を見て、考えを聞いて自分の活動につなげる。個の気づき、学びの成果を集団に活かしていく。

●**一斉の活動**　学級全体で活動が一斉にスタートし、終わりにできる機会を設け、自分ペースの活動だけでなく全体に合わせた活動を学ぶ機会を作る。例えば、算数の授業の初めにマス計算を実施する場合、先生の「よーいスタート」で一斉に活動を始める機会とする。タイマーで１分間の活動設定をして、タイマーが鳴ったら一斉に終わりにする。自分の行動を全体に合わせて切り替えていく機会とする。

●**活躍場面の設定**　係活動など明確な役割がある中で活動し、みんなに認められる機会を設定する。場面に応じて、その子らしさが輝ける活動の機会を提供する。グループ活動では役割を明確に定めて活動させる。

●**友だちサポーター**　隣の席や近くに、活動の見本になったり、上手に誘ってくれたりする友だちサポーターがいるとポジティブな雰囲気で活動が進めやすくなる。座席の配置やグループ構成で工夫する。教室内で友だちどうしが互いにサポーター的な関わりができる雰囲気を大事にする。

●**先生の仕草**　先生が子どもに関わる姿こそが、最大の見本となる。子どもに寄り添った関わりをしている先生の教室では、先生の後ろ姿がお手本となり、友だちに寄り添える子どもが育っていく。

●**ノートの見せ合い**　意見を互いに伝え合うだけでなく、互いにノートを見せ合うことで、自分の意見や回答を修正する機会とする。それを通して互いに助け合う雰囲気を学級の中に作る。

●**ミニ先生**　問題を解き終わった子どもが、友だちサポーターとなって、助けを求めている子どもに教えに行く機会を作る。助けを求める際のサインを決めておき、助けを求める時と、自分でがんばろうとする時を状況に応じて選べるようにする。

●**授業におけるファシリテーター**　授業における先生の役割は、知識や解決策を提示するだけでなく、子どもたちの思いや感情、経験や知識などに寄り添いながら、表現や思考を引き出し、活動や他児につなげていくというファシリテーターとしての役割が求められる。

⑨安心感・達成感

　活動の途中でわからない、できない状態になってもリカバリーできる手がかりを準備

する。ゴール達成時でのほめや承認によって次につながるエネルギーにする。

●**リカバリー**　あらかじめ「わからない時は、ここ見てね、～してね」と伝えておく。

●**柔らかい修正**　できないことに対して、チェックやダメ出しをするのではなく、「こうしてみようか」と活動の内容が見えるように柔らかく修正する。

●**達成感**　人から認められ、ほめられることによって感じられる達成感はもちろん重要である。加えて、活動ができた、うまくできたという結果を自分で感じる達成感も大きな意味がある。他者から得られる達成感と自分で感じる達成感の両方を大切にしたい。とくに、自分で感じる達成感は子どもの主体的な学びに向かう力となっていく。そのため、できそうな活動を設定したり、自分の取り組みを振り返る機会を設けたりする。振り返りの際には見本、正解などを残して提示すると、達成感を感じる基準にもなる。

●**ステップアップ**　なわとびの段階表、かけ算九九の習得表など、学習の進度や内容の向上を子どもたちにわかりやすいステップにして提示する（～級、レベル○など）。子どもが一つ一つのステップをクリアしていくことで、子どもたちのがんばる気持ちや達成感が満たされていく。ステップをわかりやすくすると、周囲からもほめられることや、前の自分より変わっていく喜びを実感しやすい。自分のがんばりを実感できることで、次々とステップにチャレンジしていくエネルギーが生まれてくる。次のステップにチャレンジしようという気持ちは、わかりやすいステップ設定がある中で、そのステップをクリアしていけるかもという思いから生まれてくる。

●**ほめ**　ほめ方の基本は、即時に具体的にほめ、ポジティブな気持ちや次の活動のコツにつなげることである。ほめ方は、話しことばに限らず、サイン、ハイタッチなどでもよい。とくに小学校低学年は、話しことばによる長い文脈でのほめは伝わりにくい。先生の表情、仕草、姿勢、声のトーンでほめられたことを感じられるようにする。

●**よいモデルをほめる**　周囲のよいモデルをほめることによって、より多くの子どもが変わるきっかけになることがある。小学校の低学年の子どもは、自分自身がほめられたいので、よいモデルがほめられると自分もほめてもらうため望ましい行動を行う。高学年以降の子どもは、他者がほめられているところを見て、自分の行動と照らし合わせて行動が調整できるようになる。

●**残るほめ**　ノートなどにコメントを書いてほめてあげると、子どもたちは何度も見返し、ほめられた内容を確認し、次へのエネルギーやコツにつなげることができる。漢字、計算、九九、なわとびなど事前に設定された内容や級が達成できたところでもらえるシールや証明書なども残るほめになる。

（3）教育における合理的な配慮

　教育における合理的な配慮では２つの側面が求められている。それは、より多くの子どもが活動に参加できる手立てとしてのユニバーサルデザインに基づく「基礎的環境整備」と、個々の児童生徒の能力や特性に合わせた「個別に必要な合理的配慮」を行うことである。

ユニバーサルデザインの視点と手立て一覧

UD の視点	どんな子に（ヘルプ）	どのように（手立て）	その効果
環境調整	・教室環境がざわざわしていて落ち着けない。 ・何をどうすればよいかが周りを見て理解することが苦手。	図と地、ノイズカット、パーソナルスペースの確保、物・道具の片付け手がかり、学級内における見てわかる情報	・ノイズに邪魔されることなく安心、安定して過ごせる。 ・見てわかる手がかりで活動に参加しやすくなる。
構造化	・いつ、どこで、何を、どのようにするかの状況理解を指示・説明だけでは理解しにくい。	スケジュール提示、ルーティン・フォーマット、時間や活動量への見通し	・活動全体の関係性や流れが一目瞭然で感じられる。
焦点化	・たくさんの情報があると理解しにくい。 ・活動の内容が複数あると自分の興味で取り組んでしまう。	授業の導入時での情報、活動量・時間、今、何するか、一度に複数の活動を同時に行わない	・今、何をするべきかが理解できる。
指示の工夫	・指示や説明を聞き逃しやすい。 ・関心ある情報だけを捉えがち。 ・音声言語の指示だけでは、活動のイメージがわきにくい。 ・たくさんの情報だとわからなくなる。	先生の立ち位置、注意切り替え、前振りでの情報提示、注意を向ける対象の限定、わかる・イメージできることば、語調（プロソディ：韻律）を豊かに、非言語的動作、情報量、情報の構造	・活動に必要な情報をこぼさずキャッチし、活動へのイメージをもつことができ、活動につながりやすくなる。
視覚化・多メディア	・音声言語での情報を順々に継次処理することが苦手。 ・活動に必要な情報を記憶していくことが苦手。	見える・残る手がかり、学習のよりどころ、動と静	・活動に必要な情報をぱっと見で理解することが可能になる。 ・残った情報をちら見して参加の手がかりとなる。
見通し（ゴールクリア）	・何を、何のために、どのように行うのかが自分では理解しにくい。 ・活動の手順を自分では組み立てにくい。	ゴールや活動への見通し、聞いて・見て・やってみて、見本の提示、事前の失敗回避情報、活動の過程	・ゴールが何か、そこに向けての手順は何かがわかり、活動に持続的に取り組みやすくなる。
共有化	・思考し、言語表現することが苦手。	情報の橋渡し、伝わり具合の確認	・自分の考えをまとめることができる。
集団での学び	・友だちの考えを聞いて、自分の考えと関連づけて、さらに思考することが苦手。	一斉の活動、活躍場面の設定、友だちサポーター、先生の仕草、ノートの見せ合い、ミニ先生、授業におけるファシリテーター	・友だちの意見を参考に自分の考えを深めることができる。
安心感・達成感	・活動の途中でわからなくなり、不安が強くなる。 ・「できた」と感じることが少なく自己肯定感が下がりがち。	リカバリーできる手がかり、柔らかい修正、達成感、ステップアップ、ほめ方、何をほめるか、残るほめ	・活動の手がかりや支えてくれる人がいて安心。 ・ほめてもらい、認めてもらうことで次へのエネルギーを得られる。

2 ちょいサポで「小さなできた」を

（１）活動参加のエネルギーを活動で作る

①どうすればできるかに目をむけて

　漢字が苦手なＡ君、担任の先生が「これ見てみる？」と漢字の筆順がアニメで示されるアプリを渡してくれた。Ａ君は何回かその筆順のアニメを見ていると、今度は先生が「なぞってみる？」と言った。Ａ君は「なぞるだけならできるかも」と思い、なぞってみた。そのアプリは、筆順ごとにていねいに正しくなぞると次の一画が出てくるので、何をすればよいのかがわかりやすかった。何より自分がていねいになぞれば次の一画が出てくるので、がんばりを認めてもらったように感じ、一画一画の進みが自分のがんばりの証となり、自分のがんばりで次に進めているような気がした。先生は「すごいね、最後まで一人で書けちゃったね」とほめてくれた。それ以来、このアプリだったら漢字練習してもいいかなって思えてきた。

　このように、苦手な活動に取り組めるようになるためには、単なる指示・励まし（「やりなさい」「がんばろう」）、周囲との比較（「みんなはやっているよ」）、負の必要性・理由（「読めないと困るわよ」）では、やる気は生み出せない。ましてや活動できない子どもに対して叱っても、それ以上叱られることを避けるために取り組むだけだったり、子どもの「できない」という気持ちや反発を強めたりするだけである。

　「できない」だけに目を向けるのではなく、本人の「できにくさとバリア、そして、可能性」を理解したうえで、「小さなできた」を作ってあげる。ユニバーサルデザインによって、より多くの子どもができたにつながるサポートがまずは大切である。しかし、ユニバーサルデザインによって、リード的に活動への対応をしても、一人ではできない時がある。そのような時は「ちょいサポ」によって「小さなできた」を積み上げていく。

②ちょいサポと小さなできた

　「ちょいサポ」はその子の「できにくさ」とニーズに応じた、その子に合ったちょっとしたサポート（その子ならではのサポート）である（注意集中・注意喚起、わかりやすい指示、プロンプト、ほめ、OFF から ON への切り替え、小さなできた、耳打ちのことばかけ）。

　ちょいサポは、活動の手順やゴールへの見通しの手がかりとなる。たとえ一人ではできなくても、子どもの力はそのままでも、個に寄り添うサポートとして、活動の手順やゴールへの見通しの手がかりがあれば、「小さなできた」を感じられる。それは、

100%のサポートによってできたことでも、ゴールにはまだ届かない状態であったとしても、活動したことや「小さなできた」を認め、ほめていく。その「小さなできた」がきっかけとなって、または、「小さなできた」が積み上がることによって、子どもの中に「もしかするとぼくにもできそうかも」の気持ちが生まれてくる。それがまた次の活動への意欲につながる。また、ちょいサポは、子どもにあたかも自分の力でできたような成功体験を残すことができるサポートである。ちょいサポによるさりげないサポートによって、子どもは自分のがんばりで活動に取り組んでいる気持ちになれ、自分のがんばりで次に進めていける気持ちがもてるようになる。ちょいサポによる「小さなできた」は、たとえ「小さなできた」でも、それは本人にとっては、「自己効力感」を高めるきっかけとなる。活動参加のエネルギーはまさに活動で作られる。

（2）「ちょいサポ」が子どもの可能性を動かしていく

子どもの力を引き出すサポートとは、どのようにすればいいのだろうか？

子どもが一人でできないからといって、全てを先生のサポートで進めても、子どものがんばりを見失ってしまう。かといって、子ども任せにしていても、前に進めずに、子どもが戸惑ってしまう。子ども一人ではできないとしても、子どもの精一杯の力を引き出しながら、「あたかも自分で」進んでいく手応えと喜びを感じられるようにするからこそ、次への一歩の願いとエネルギーが子どもの中に生まれくる。子どものがんばりを引き出し、子どもの中の可能性が動き出すきっかけとなっていく「ちょっとしたサポート」（以下、「ちょいサポ」）。「小さなできた」を作り出す「ちょいサポ」。子どもと大人

が力を合わせて一緒に進もうとすることで、新しい成長への扉を開いていく「ちょいサポ」。子どもが求める、子どもにぴったりの「ちょいサポ」を大人ができた時、子どもたちは、自分の力と可能性に気づき、自分らしい姿を見つけていくことができる。子どもと大人が力を合わせながら、子どもの成長を作り出していくプロセスを大事にしたい。

③ わかりやすい指示

（1）子どもからのヘルプ

　指示や説明を聞いているようではあるが、行動すると指示とは異なったり、できなかったりする子どもがいる。さらには、複数の指示をすると「なんだっけ？」と聞き返してきたり、説明した内容から行動の手順として組み立てることが難しかったりする子どもがいる。指示の途中でやり始めることもある。このように、指示・説明を聞いて行動に移すことが苦手な子どもをどのように理解し、サポートしてあげたらよいだろう。

（2）つまずきの訳

　指示や説明を聞いて活動に移すことが苦手な子どもには、指示や説明に注意を向けることが困難であるだけでなく、さまざまなつまずきの訳が隠れている。

- ◆指示・説明に注意を持続することができず途中から聞けなくなる（注意・集中）
- ◆指示・説明での情報量が多いとわからなくなる（ワーキングメモリー）
- ◆自分の興味関心のある内容を捉え、興味関心外の情報を取りこぼす（衝動性）
- ◆指示に基づいて行動しようとする際、目の前の刺激に反応して別の行動に（衝動性）
- ◆理解できないことばがあり、指示・説明の理解が難しくなる（ことば）
- ◆情報と情報を関連づけて理解することが難しい（内容・文脈の意味）
- ◆聞いた内容を行動の手順に整理できない（プランニング）
- ◆説明を聞きながら考えることが苦手（一度に複数の情報処理の苦手さ）

　そのほかにも、指示がわかったとしても活動そのものができない、活動が「難しそう」と思って気持ちが向かない（感情調整）もつまずきの訳となることがある。

（3）ちょいサポ

　活動をするには指示を理解することが前提となる。指示・説明の前に情報へ注意を引き、課題内容（何を、何のために、どのように、ポイントなど）を理解しやすいように、わかりやすいことば、イメージのわくことば、見てわかる情報で伝える。残して伝える。伝えた情報を復唱（I copy）して確認する。

①情報への注目のちょいサポ

●**注意喚起**　指示や説明を聞いて理解するためには、まずは指示や説明といった情報へ

の注目が必要となる。子どもの様子を見ながら「さぁ、はじめるよ」と注意を切り替える。伝える人に体を向けたり、視線を向けたりして聞く構えを整えていく。聞く構えが整い、注意を向ける対象が限定されることで、より選択集中が高まっていく。

●**伝わりやすい距離**　子どもの中には、注意の範囲が狭く、１メール以上離れた場所からの指示だと注意を向けて情報キャッチがしにくくなる子どもがいる。子どもが注意を向けられる距離を確認したうえで、子どもの注意の範囲に応じた距離で指示をする。

②**指示内容の理解へのちょいサポ**

●**子どもがわかることば・イメージもてることば**　「ＡとＢを比較して」と指示して、何をするかイメージがわかないようならば、子どもが思考や行動に移せる伝え方に置き替えることが必要。「ＡとＢを比べて」だけでなく「まずＡを○○して、次にＢを◇◇して、そしてＡとＢのどちらが△△かを考えて」などと置き替える。また、「廊下を静かに歩く」がイメージもちやすいように「忍者のように歩く」と伝える。

●**伝わりを確認**　子どもの理解に合わせたスピード、間、情報量、タイミング、注意喚起で子どもと呼吸を合わせて、子どもの視線や表情を確認しながら伝え、思考・行動につながっているかを確認する。

●**本人に応じた情報の伝え方**　音声言語、視覚的な情報（文字、絵、指さし、具体物など）のどちらが伝わりやすいか、操作的な活動を入れる、エピソード的に伝えた方が伝わりやすいかを確認して、本人にあった情報の伝え方を工夫する。また、複数の伝え方を用いて、情報のキャッチや理解につなげやすくする。

●**情報の概要・枠組み**　キャッチしてもらいたい情報を伝える前に、「手順を説明するよ」「やること３つあるからね」などと、情報の概要や枠組みを伝え情報キャッチを促す。

●**指示・見本・一度やってみる**　指示だけでなく、見本（ゴールの見本、手順の見本）を示し、一度一緒にやってみて、活動内容や手順を理解させる。

●**情報の焦点化・再提示**　事前にどの情報に着目すべきかを伝える。見るべき情報への注意の切り替えでは指さし、指し棒で焦点化する。そして、指示・説明を一度行った後に改めて「○○がポイントだよ」「○○するとうまくいくけど◇◇すると失敗するから気をつけね」とポイントを再提示する。

③**指示内容の記憶へのちょいサポ**

●**伝える情報量を本人に合わせる**　短期記憶として頭に留められる情報量の確認が必要である。準備する物ならばいくつ覚えられるか、活動手順なら何手順覚えられるかを確認して、本人が覚えられる情報量に調整する。

●**リマインダー・手順表** 指示をことばのみで伝えるのでなく、頭の中の情報の記憶に頼るのでもなく、必要な情報を本人と活動に合わせてリマインダー・手順表として、メモや板書に残してあげる。それによって指示・説明を忘れてしまっても残った情報で確認できるようにする。リマインダーや残った情報を手がかりに活動できるようにする。

●**1つの指示に対し1つの活動** 指示・説明を先に全部伝えてから活動させるのではなく、1つの指示に対し1つの活動の単位で伝えていく。

●**キーワード化・アルゴリズム化** 情報をキャッチしやすく、頭の中に留めやすく、使いやすくするために、伝える情報をキーワード化、アルゴリズム化（例：割り算の手順「立てる・かける・引く・下ろす」）して伝える。加えて、その情報を視覚的に伝えて、さらに、一度、声に出してリピートさせて、頭に留めやすくする。

●**情報キャッチの確認** 指示・説明は伝えたら終わりではなく、子どもに伝わったかを確認する。手順の大きな流れや大事な情報を確認する。

●**I copy（復唱）** 記憶に残したい内容を整理し伝えたうえで、その情報を活動の前に本人に復唱してもらい確認をしていく。手順を説明したあとに「はじめにやることは何？」「次は？」と問い、子どもに答えてもらう。

④**指示内容の実行へのちょいサポ**

●**ゴールまでの見通し（ゴールクリア）** 何を、何のために、どうやって行うのかを明確に伝え、ゴールまでの見通しをもてるようにする。

●**行動を手順化して伝える** 指示に基づく行動の手順を「①〜〜、②〜〜、③〜〜」と改めて明確な手順として伝える、また、視覚的に書いて伝える、手順表として伝える。

●**いつ終わるかを明確に** 時間的、量的、手順的にいつまで取り組むことが必要かを事前に伝え、見通しをもたせる。

●**モデルを作る** やり方のモデルとなるような友だちがそばにいてくれることで、やり方への手がかりとなり、不安を和らげることができる。

（4）つまずきの理論・サポートの理論

　指示や説明を聞く力には、①聞く構えを整え、②必要な情報への「選択注意」を行い、③「衝動性」によって興味関心のある情報に引っ張られることなく、口を挟むことなく、④「注意を持続」して最後まで聞きながら、⑤「ことばの理解」や「文脈的な理解」を行い、⑥「内言による思考」をし、活動へのイメージを作り、⑦頭に必要な情報を留める（「ワーキングメモリー」）ことが必要となる。また、情報を「文脈的に理解」したり、

思考したりするには情報を、順序を追って整理する過程（継次処理）、内容の関係性を整理する過程（同時処理）が関係する。つまり、これらがつまずきの背景であると同時に、聞く力を育てるポイントとなる。

（5）妙手

大事なことは3つ捉える　子どもの情報キャッチの特徴を捉える場合、第1章6「発達障害の理解」（ADHD の情報キャッチのいろいろなタイプ）で示したように、情報キャッチにはいろいろなタイプがある。そのため、情報キャッチのタイプに合わせてちょいサポを考えていく。「大事なことは3つだよ」と情報をキャッチする枠組みとして3つを意識させ、指示全体を聞き、話し手が何を伝えているのかを考えながら聞く力につなげる。キャッチした情報を3つの枠でメモに取り、情報を整理する力につなげていく。大事なことを3つの枠で整理することは、自分の考えを伝える力へとつながっていく。3つの枠で情報の関係性を捉えやすくすると、文脈的な理解がしやすくなる（継次的に①②③、結果－原因－方策、状況－考察－理由）。

わかりやすい指示一覧

	子どもの様子	手立て
情報への注目	・指示への注意の切り替え、注意の持続ができず聞けない（不注意） ・興味関心のみに注目し、それ以外取りこぼす（衝動性）	・注意切り替え「さぁ、はじめるよ」 ・聞く構えを作る。 ・注意を向ける対象の限定「選択注意」 ・情報との距離を考慮
指示内容の理解	・指示で使われることばがわからず内容理解が難しくなる（ことば） ・情報と情報を関連づけた理解が難しい（内容・文脈理解）	・わかる、イメージできることばでシンプルに ・本人に応じた情報の伝え方 ・情報の概要、枠組み ・指示、見本、一度やってみる
指示内容の記憶	・指示の情報量が多いとわからなくなる（記憶）	・リマインダー、手順表 ・伝える情報量を本人に合わせる ・1つの指示に対し1つの活動 ・記憶に残りやすい伝え方
指示内容の実行	・目の前の刺激に反応して別の行動に（衝動性） ・聞いた内容を行動の手順に整理できない（プランニング） ・説明を聞きながら考えることが苦手（一度に複数の情報処理の苦手さ）	・ゴールまでの見通し（ゴールクリア） ・行動を手順化 ・いつ終わるかも明確に ・モデルを作る

4 注意の集中・注意喚起

（1）子どもからのヘルプ

　Ａ君は授業中、活動できずに視線がボーっとしている。先生の指示や説明があっても姿勢は崩れたまま。消しゴムを触っていることも多い。そのため、先生の指示を聞き逃していることが多く、結果として何を、どのようにしたらよいかがわからず活動できないことが多い。ノートへの漢字練習は途切れがちになり１ページ書き終わるまでに他児より時間がかかる。一方でＢ君は、いつもきょろきょろしていて、ちょっとした周囲の動きに過剰に反応してしまう。先生からの質問や指示にすぐ挙手して答えることは多いが、少しズレた答えになりがち。音読をすれば、文末などを勝手に読み替えることが多い。思い立ったように行動することが多く、それまでしていた活動が中途半端のままになることもある。しかし、自分の好きなことにはとても集中することができる。

（2）つまずきの訳

　Ａ君のように不注意が強いとボーっとしがちで、情報元に注意を切り替えにくく、それによって情報を取りこぼしたり、注意が持続しにくかったりする。また、Ｂ君のように落ち着きがなく、興味関心ある刺激にすぐに反応すると、その関心事で頭がいっぱいになり、結果、必要な情報を取りこぼしたり、１つの活動を最後までできなかったりする。また、言語理解が苦手だと不注意になったり、活動が持続しなかったりすることもある。

　①指示や必要な情報に注意を切り替えにくい　授業中にボーっとしてしまったり、なんとなく聞いているようには見えるが実際には聞き逃しが多かったりする子どもは、指示や必要な情報に注意を切り替えることが難しいという不注意の状態を抱えている。

　②自分の関心ごとで思考し、自分の世界に没頭　授業中にボーっとする子どもの中には、自分の関心ごとを思考して、自分の世界に没頭してしまうため、指示や必要な情報への注意の切り替えが難しくなる場合もある。

　③注意の持続の難しさ　時間的に長い活動、退屈でくり返しが多い活動、飽き飽きする活動など見通しがもてない状況では注意を持続することが難しくなることがある。

　④ノイズや関心ある情報に引っぱられる　周囲に情報キャッチや活動を阻害しそうなノイズ（例：掲示物が風に揺れている、周囲の子どもが関係のないおしゃべりをしている）があると、ついそのノイズに注意が向いてしまう。必要な情報をキャッチするためには、

選択的注意として、必要でない情報をスルーし、必要な情報に注意が向くようにしていく。

⑤**目立つ情報に引っ張られる**　子どもが衝動性を抱えていると、指示や説明の中で興味関心をもつ情報にすぐに反応してしまい、結果として必要な情報を逃すことになる。

⑥**頭の中に浮かぶさまざまな思いつき**　頭の中に気になること、取り組みたいことが次々と思いついてしまうと、目の前の活動を中途半端のままにして、思いついたことで行動してしまう。いわゆる脳内多動の状態から来る注意の持続の難しさが生じる。

⑦**過集中**　注意の切り替えが苦手となる子どもは、時に自分の興味関心のある活動に没頭することがある。部分的な過集中は、状況や活動の全体的な理解を妨げることになり、自分の行動を調整することの難しさとなってしまうことがある。

⑧**言語情報のキャッチや思考が苦手**　言語情報のキャッチや思考に苦手さがあると、文脈的に理解することが難しくなり、指示や必要な情報への注意の集中や切り替えができにくくなることがある。

（3）ちょいサポ

指示や説明を理解する前に子どもたちは情報元に注意を向けることが必要となる。しかし、情報元に注意を切り替えることができなければ情報を取りこぼす。また、情報の一部だけに注目しても情報を取りこぼす。この場合には、次のようなちょいサポをする。

・指示や説明をする時には、環境側にあるノイズを可能な限り取り除く。
・座席位置として、後ろの席より前の席の方、さらには、一番廊下側か窓側にすることで他児の言動をカットすることができる（ノイズカット）。
・資料上に複数の情報がある時は、注目すべき情報以外を隠す（マスキング）。
・「さあ、始めるよ！」と注意喚起の声をかける。
・今、行う活動について「これおもしろそうだね」などと声をかけ活動に注目させる。
・注意を切り替えるための活動（姿勢を整えるなど）を行う。
・注目すべき情報に対して「ここに注目！」「○○がポイント」と情報を限定的に示す。
・黒板やモニターの情報に対して、指し棒などによって注目すべき情報を焦点化する。
・「はい、はじめ！」「せーの」と一斉に取り組むきっかけを作る。
・注意の持続の難しさに対しては、本人の注意の持続状況に基づいて、事前に時間的、量的なゴールを設定する。
・やることリストを準備して、1つ終わるごとにチェックし注意の持続を促す。

（4）つまずきの理論・サポートの理論

　ノイズキャンセル　私たちは、聞いたり、見たりするなど外界の情報をキャッチする際には、外界に存在する情報すべてをキャッチしているわけではなく、その状況において必要な情報を選択的にキャッチしている。

　選択的注意を行うためには、多様な情報がある環境条件下から余計な刺激に影響を受けず必要な情報のみを選択して、注意を向けることが必要である。しかし、子どもによっては、自分だけの力でノイズキャンセルできないため余計な刺激にも注意が向いてしまい、必要な情報を選択的にキャッチすることが苦手となる。

　活動や学習に必要な情報を選択的にキャッチできるように、情報キャッチを阻害するノイズ（余計な刺激）をあらかじめ減らすことが必要である。

（5）妙手

　注意を向けるべき対象は先生や黒板、モニターだけでなく、教科書や資料集などもある。教科書や資料集などに注目してほしい時に「〇〇見てね」だけではなく、「〇〇指さして」と活動として伝えていく。それによって注目すべき情報を確実に捉えさせる。子どもが指さしている状況から先生は誰が情報キャッチしているかが確認できる。一方で、指示を聞き逃した子どもにとっては、隣の子の指さしている場所をチラッと見て確認することで、どこに指さしするのか、注目すべきかがわかる。

注意の集中・注意喚起のできにくさと手立て一覧

	できにくさ	子どもの様子	手立て
不注意	注意の切り替え	・情報に注意を切り替えにくい ・自分の世界に没頭	・注意喚起「さぁ、始めるよ！」 ・注意切り替えの活動
	活動の持続	・活動への見通しもてず持続困難 ・過集中もあり	・事前にゴール（時間・量）を示す
衝動性	注意の切り替え	・ノイズや関心ある情報に引っ張られる ・目立つ情報に引っ張られる	・ノイズの除去　・マスキング ・注目ポイントを限定提示
	活動の持続	・頭の中に浮かぶ思いつきで持続困難 ・過集中もあり	・やることリストの提示とチェック
言語理解の苦手さ	注意の切り替え	・キャッチすべきポイント、情報がわからない	・情報の視覚化とキーワード化
	活動の持続	・思考ができず持続困難	・思考の手がかりを提示

5 プロンプト（わかる、見える、残る手がかり）

（1）子どもからのヘルプ

　指定されたことばを辞書で調べる活動。A君は辞書を引く手順は聞いていたのだけど、自分では引くことができず、パラパラと辞書をめくっているだけ。言葉調べが進んでいないA君に先生は、「大丈夫かな？」と声をかけるけど、「大丈夫」と答えるだけになり、その後先生からの関わりもなく、A君は活動に参加できないままとなる。

（2）つまずきの訳

　A君は指示理解、手順理解が苦手であり、うまくできない状況において、先生や周囲にヘルプを出すことの難しさ、周囲の様子を手がかりとしてキャッチすることの苦手さも考えられる。一方、先生も本人を気にかけて「大丈夫？」と声をかけてくれるが、「できそう」「できた」につながる関わりではなく、活動へのバリアとなっている。そのような子どもだからこそ、わかる、見える、残る手がかり（プロンプト）によって、あたかも自分でできたようにサポートする。

（3）ちょいサポ

　「希望」を辞書で引く活動では、まず手元に置ける辞書引き手順表を準備する。手順表では、①②③の数字と文字で書かれた手順だけではなく、ぱっと見で何をするかがわかるように図なども入れる。

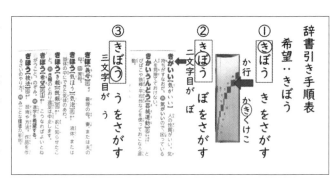

　手順表での数字を指さしながら「きぼうを辞書で探す時は、き、ぼ、うの順で探すよ」とまず何をするかをぱっと見で理解させる（見てわかる手がかり）。そして、「一度、先生が引いてみせるね」と手順表と照合しながら辞書引きの見本を示す（見本による手がかり）。そして、「じゃあ、まず1文字目のきから探すよ」「きは何行？」「きはか行だね」と手順表を見ながら、辞書引き手順をことばで確認していく（ことばによる手がかり）。時には、一緒に辞書を引いて手順の理解につなげる。

①**見てわかる手がかり**（プロンプト）

　手がかりを見てわかるように視覚的に示す。見てわかる手がかりは、周囲の人が子どもに示す場合とあらかじめ環境側に手がかりを設定する場合がある。

●**手順表やヒント表**　手順表やヒント表は活動のきっかけにもなるが、残る情報ともなり、手順などがわからなくなった際でも見て確認することができる（ちら見）。

●**注目すべき情報に指さし**　周囲の人が本人の思考や活動のスピードにあわせて、注目すべき情報に指さしする。

●**情報を色分け**　かけ算筆算の手順と記入マスをカラー化して、計算手順の手がかりとする。また算数の文章題でわかっていること、求めることなどの情報を色ペンで囲んであげると見てわかる手がかりとなる。

②**見本による手がかり**（プロンプト）

●**ゴールを示す見本**　完成した作品などのゴールを見本として示すことによって、行動や活動の手がかりとする。ゴールの見本だけでは、自分の手順につながりにくい場合は、手順の見本も示す。

●**手順の見本**　行動や活動を実際に見せる。手順の見本を示す際に、手順を言語化して伝えることで、本人が手順を言語的（内言化）に捉えられるようにもする。

●**見本となる友だち**　「〇さんと同じようにやってみて」「◇さんの▽▽がいいですね」などと見本となる周囲の友だちに注目させる。

③**ことばによる手がかり**（プロンプト）

●**活動手順やヒントを伝える**　「まず◇◇してね。次は〇〇をすればいいね」などと活動の手順をことばで伝える。またヒントとして、①注目すべき情報を伝える、②何を参考にすればよいかを伝える。「〇〇をしてね」と手順を直接的に伝える手がかりもあれば、「次はどうするのかな？」などと本人の判断を促す声かけもある。

●**思考の手がかり**（合いの手）「それで……」「……ってことは……」「つまり……」など

と子どもの話や思考に合わせて、思考を補い、確認し、広げていくような声かけをする。

●既習事項を思い返すきっかけを伝える 「この前、どのようにできたっけ？」などのように、これまでできた方法やコツを思い返すような声かけをする。

●回答などの一部を伝える 例：社会の歴史の授業において、奈良時代中期の聖武天皇の治世に出された墾田永年私財法を答える際、「墾田……」と手がかりを与える。国民の三大義務を答える問題で「基本的人権の尊重、国民主権、あと……」と手がかりを与える。

④一緒にやってみる

　一緒に活動することで、子どもにとっては活動への手がかりとなる。例えば、子どもの手に先生が手を添えて一緒に書くと、目標とする行動がわかりやすくなっていく。

（4）つまずきの理論・サポートの理論

　フェードアウト　初めはプロンプトを用いてサポートし「できた」「わかった」につなげる。やがて、子どもが日常の手がかりで行動できるように、子どもの反応を確認しながら、プロンプトの頻度を減らしたり、質を変えたりして、プロンプトをフェードアウトする。子どもが自分でできることが増えてきたら、すぐにはプロンプトを提示しないで、子どもの様子を見ながら、自発的な行動を待つことも大切である。

（5）妙手

　がんばりカード　見てわかる手がかり（プロンプト）の1つの例としてがんばりカードがある。がんばりカードにはいくつかの機能があり、目標やめあてを具体的に、見えて、残る手がかりとして示せるだけでなく、できたことへチェックを入れることでがんばりや認められたことの証にもなる。その証がたまることで本人の変化がわかり、がんばり度がわかる。がんばりカードはみんなで認めやすく、保護者も含めてほめの共有ができる。場合によって成功報酬につなげるツールとしても使える。さらにはこのような取り組みの中で、本人はがんばれる自分をイメージしながら次に向かうエネルギーを得ることになる。

○○くんのがんばりカード

とうこう・あさのかい

| カバンをしまう・・・・・・・2ポイント | ☐ |
| みんなといっしょにあいさつ・3ポイント | ☐ |

じゅぎょう

みんなといっしょにあいさつ・・3ポイント	☐
ふでばこ・ノートののじゅんび・2ポイント	☐
きょうかしょのじゅんび・・・2ポイント	☐
きょうしつで1じかんべんきょう5ポイント	☐
ほけんしつでべんきょう・・・1ポイント	☐

そうじ

| そうじをする・・・・・・・・5ポイント | ☐ |

10ポイントゲットで、○○ゲット
20ポイントゲットで、◇◇ゲット
30ポイントゲットで、□□ゲット

6 ほめが生み出す力

（1）子どもからのヘルプ

　2時間目の国語の授業の終わりに、「漢字ドリル終わって提出した人から中休みにしてください」と先生からの一言。A君は苦手な漢字だけど、今日はドッジボールで遊ぶ約束があるから、しぶしぶながら書いて終わらせた。そこに先生が「ちょっとこの字は雑だよね……、このくらいには書いてよ」と他の人の書いたドリルを見せてくる。先生は「いつも雑な字なんだから……」と一言。「だから嫌なんだよ……」とA君。

（2）つまずきの訳

　本人なりには取り組もうとしたけれど、その取り組みそのものを認めることはないままに、できていないことや気になる行動だけを取り上げて、他者との比較だけで否定的な評価をする。さらには「いつも◇◇なんだから……」と過去を持ち出しての一言。否定的な評価によって、本人はできない自分を突きつけられることの繰り返し。それでは、自分への手応えや次へのエネルギーは生まれてこない。

（3）ちょいサポ

　次の機会に増えてほしい活動や変化をほめる。本人の中での小さなポジティブな動きを察知して、「おっ気持ち切り替えたね」「取り組んでいるね」と**行動・活動を**すぐにほめていく。決して、他者との比較や結果だけをほめるのではなく、「この前よりうまくできているね」「いい感じじゃない」と**本人の変化や取り組み**そのものをほめて、そこで生じたポジティブなエネルギーを次の取り組みにつなぐ。うまくできたことには、「○○すると◇◇できるね」とうまいやり方を**伝えるほめ**をして、本人を認め、自分への手応えとコツとして次につなげる。

1）何をほめて、何を次につなげるか

①行動・活動をほめる

●**小さなできたをほめる**　「○○できるかな」と活動のきっかけを伝えてちょいサポをしていく。少しでも活動を始めたら「おっ◇◇いいね」などと小さなできたをほめる。本人の取り組みを次へのエネルギーとしてつなぐ。全部できてほめるのではなく、本人の中に生じたポジティブな変化を捉え、ほめていく。

●**プラスの活動をほめる**　プラスの活動が生じた時に、「○○してくれたね」とほめる。今、何をすることが大切であるかを伝えるほめ方である。

●**うまいやり方をほめる**　うまくできた時に、「○○すると◇◇できるね」とほめる。どのようにするとうまくできるのか、コツを伝えるほめ方である。「□□だから◇◇できたね」と訳を伝えるほめ方をする。できる前に「□□だから◇◇しさない」では、聞き入れることができなくても、できた後の訳は受け止めやすい。そのコツや訳が次のプラスの活動につながるようにする。

②**本人の姿・変化をほめる**

●**取り組みそのものをほめる**　できたという結果だけをほめるのではなく、取り組んでいる姿そのものをほめる。「いい調子！」、本人と目を合わせて大きくうなずく。すぐに結果が出なくても取り組む姿を次の機会につなげる。

●**前からの変化をほめる**　周囲との比較でほめるのではなく、本人の前からの変化として「前より○○できたね」「○○になったんじゃない」とほめる。本人の「いい感じ」という気持ちを作り、自己効力感につなげる。

●**次の目標につなげるほめ**　「ここまでできたね、次、これがんばれちゃう？」とこれまでのプロセスや到達をほめ、そこから次の目標につなげる一言をかける。

③**本人を認める**

●**本人が認めてほしいことを共有する**　「○○したね」「○○すると◇◇できるね」などのほめはある意味、こちらの価値観を伝える行為である。もちろん、それによって子どもは「できた」と感じ、コツを学んでいく。一方で、子どもは「こうしたい」「これが大事」と思うようになると、少しずつ、こちらの価値観のみでほめるよりは、本人の話を聞いて、それを認め、共感することも求めるようになる。まずは「○○いいね」とほめ、次に「それどうやったの？」「どのような工夫をしたの？」と本人に尋ねる。そこで語られたことに対して「なるほど、そんな努力があったんだ」「そんなやり方知らなかったなぁ」と本人の努力や工夫、価値観を認めていく。本人は「あぁ、わかってくれた」と感じたり、大切にされているという実感を得ていく。

●**みんなのためになったことを感謝する**　みんなのための取り組みに対して「ありがとう」「助かったよ」と伝える。自分の存在や良さを認めてもらうことで、「やりがい」を感じることができ、次への大きなエネルギーになる。

２）ほめ方

①タイミング

●**即時にほめる**　即時に具体的にほめ、次の活動やポジティブな気持ちにつなげる。

●**残してほめる**　がんばりカードを用いると、目標が具体化・視覚化され、行動の手がかりもなる。1つできたことで、花丸やサインをもらうとがんばりの証、認めの証となる。証がたまることで、変化がわかり、はげみにもなる。形に残るほめは、保護者や他者との共有も可能であり、また本人があとから見返して励みとなる。

②どのように

●**感情を込めてほめる**　ほめる時にはこちらの感情を伝える。「上手にできたね」「先生、うれしいよ」とポジティブな感情を共有して次のエネルギーにする。

●**ことばだけでないほめ**　サイン・ハイタッチ・視線・うなずき・笑顔も大切なほめである。とくに小学校低学年は、話しことばでの長い文脈によるほめは伝わりにくい。先生の表情、仕草、姿勢、声のトーンによってほめられたことを感じていく。

●**〜君ものさし**　周囲の子どもの歩みの基準でほめるのではなく、〜君ものさし（その子なりの評価規準）でほめる。その子の今の状態と変化の瞬間を捉えることができ「ほめどころ」を逃さない。

●**自分で確認（セルフチェック）**　がんばりカードなどで、「〜君ものさし」による目標を提示し、それを残しておくと、自分で確認することにもつながる。他者からほめられて作るエネルギーだけでなく、自分で確かさを感じる機会となる。また、がんばりカードは自分で修正する手がかりにもなる。

③ほめの前・他者へのほめ

●**まずは何かをほめて関係作り**　子どもは大人に何かをほめられると、その人を信頼し、活動へのエネルギーをもてるようになる。まずは「〇〇いいね」と子どもの何かをほめていく。子どもといっしょに遊んで、おしゃべりをして、子どもと何かを共有することで関係性を作る。その関係性によってよりほめの効果が出る。

●**周囲の見本となる子どもをほめる**　準備が遅い時に「早くして」とダメ出しをするのではなく、準備ができている周囲の子どもを「素早い準備だね」とほめることで、何をすることが必要なのかに気づかせる。また、周囲の子どもに「そのやり方いいね」とほめることによって、本人にとってのモデルとする。

（4）つまずきの理論・サポートの理論

　自己効力感は、「自分は達成できる」「自分には取り組む力がある」と思える感覚である。ある活動が達成し、ほめられていくと、次への活動のエネルギーを得るだけでなく、

どのような場面や課題では、どのように活動したらよいかといううまいやり方やコツを学ぶことにつながる。子どもの中に自己効力感を作ってあげたい。その積み重ねが「自分の存在を肯定的に捉える力」としての自己肯定感の土台となるであろう。次につながるほめが大切である。

（5）妙手

　ほめの種　子どもの自らの取り組みだけではほめの機会が生まれにくい時は、その子に合った役割を作っていく。絵が得意な子どもの場合、「この絵上手だね、運動会のプログラムに載せよう」とみんなから認めてもらう機会を作っていく。また、衝動性が強く活動に持続的に取り組むことが難しく他児にちょっかいを出しやすい子どもの場合、先生の手伝い係を任命して、プリント配布、教材の準備、黒板の指し棒係（先生の代わりに指す）などをその都度やってもらう。その都度の活動は本人に合った役割で、しかも誰かのためにできる活動を通して、自分の存在や良さを認めてもらえると、子どもの「やりがい」は大きく変わってくる。

ほめ方一覧

	何を	何を次につなげるか
行動・活動	小さなできたを「おっ◇◇いいね」	本人の取り組みを次へ（エネルギーとして）
	行動・活動そのものへ「〇〇しているね」	今、何を行うことが大切なのか
	うまいやり方へ「〇〇すると◇◇できるね」	どのようにするとうまくできるか、コツ
姿・変化	取り組みそのもの、積み上げを「いい調子！」	取り組むことの大切さ
	本人の前からの変化を「前より〇〇できた」	本人の自己効力感「いい感じ」
本人	本人が認めてほしいことを「なるほど、それいいね」	本人の価値観、大切にされている実感
	みんなのためになったことを「ありがとう」	役割、存在感を IKIGAI に

×

	ほめ方として
タイミング	①即時にほめる　　②形に残して後からも（保護者や他者との共有も可能）
どのように	①感情込めてほめる　　②ことばだけでなく、サイン・ハイタッチ・視線・うなずき・笑顔　　③本人のものさしで　　④見える形で、形に残して　⑤自分で確認（セルフチェック）
ほめの前・他者へのほめ	①ほめの種・ポジティブな暗示　　②まずは何かをほめて関係作り　③周囲の見本となる子どもをほめて、本人のモデルに

OFF から ON へ
"小さなできた"を引き出すコツ

（1）子どもからのヘルプ

　A君は授業が始まっても教科書などの準備をすることはなく、先生の説明に注意を向けることもなくボーッとしている。自分世界で落書きをしていることもある。「プリントに名前は書いてね」と言われても書くことはない。指示を出し過ぎると、ますます机に伏して寝てしまう。なかなか勉強に取り組めないOFFの状態が続いている。

（2）つまずきの訳

　子どもは、「できにくさ」のため、なかなか活動に取り組めない時がある。こんな時、子どもの活動を0か100で捉えてしまうと、できていないことばかりが気になってしまう。子どもの「できていない」ことのみに注目するのではなく、どんな時、どんな手立てがあれば、だんだんとONの状態に切り替わっていけるかを考える。負の行動をいじるより正の活動を強めていく関わりを大切にする。よかれと思って負の行動を修正しようとしても、単なるダメ出しでは、逆に活動がしにくくなってしまう。負の行動をいじらず「小さなできた」を作り、OFFからONを広げていく関わりをしていく。

（3）ちょいサポ

　まずは、子どもがOFFからONに変化する瞬間を見つける。OFFがONに切り替わった事実からは、子どものできにくさを変える手がかりやちょいサポのヒントを見つけやすい。子どもの様子からどのような活動・サポートがあればONになれるかを考え、子どもがONになりやすい活動と手立てを考える。そして、ONの状態を後押しする。もし、OFFの状態ならば、ちょいサポによって「小さなできた」を引き出し、OFFからONへのきっかけを見つける。ONになりやすい「あらかじめ」、OFFからONへの「リアルタイム」の切り替え、ONの状態をつなげる「事後」、の3つの視点で考える。

①あらかじめ

●**子どもの世界**　子どもの好きなゲームの話、「休み時間何して遊んだの？」など、子ども世界へ寄り添い、子どもとの接点を作る。どんな準備をすれば、ONになりやすいかを見つけていく。もし、子どもの好きなキャラクターがあるならば、それを用いた課題を準備する。

71

●**子どもの何かを１つほめる**　やりたくない、面倒くさいなど OFF の状態になっている子どもには、子どもの何かをほめていくことから関わるきっかけを作る。

●**インスタントサクセス**　子どもが「できそう」と思える成功しやすい活動を準備する。そして、「〜からやってみようか？」「〜できるかな」と誘ってみる。活動できたことを認め、ほめられることを通して成功体験を「だんだん」と積み上げていく。

●**わかりやすい指示**　ことばによる指示だけでなく、ぱっと見（一目瞭然）で「できそう」を作り、さらに「やってみたい」へ。活動の内容の理解や見通しから ON への土台を作っていく。

●**ルーティン**　授業の始めには、子どもができるルーティンの活動を行い、プラスのエネルギーを引き出していく。成功体験のあるルーティンの活動から、ON のスイッチを入れていく。

●**プラスの見通し**　「○○すると◇◇できるよ」とポジティブな見通しから ON への気持ちを作る。「○○しないと◇◇できないよ」とネガティブな見通しではプラスのエネルギーにはなりづらいので、ポジティブな見通しから ON を作っていく。

●**暗示的誘導**　「これは、どうやればいいのかな？」「これ難しくない？」「少し難しいけど、どう、挑戦してみる？」などと本人発信の興味や注意を引き出す質問から「そんなの簡単だよ、できるよ」と子どもなりのポジティブなエネルギーを引き出していく。

●**スイッチ ON への切り替え**　他に注意や意識が向いている場合には、「じゃあさ、◇◇はできるかな」と課題に注意を切り替えていくようにする。とくに衝動性が強い子どもには、興味関心あることや新しいことへ注意を向けると、ON に切り替わることがある。「これはどう？」と期待をかけられ、やりやすい枠を提示されると ON になりやすい。

●**過去の成功を想起**　「この前、できたね」「この前、楽しかったね」と過去の成功を思い返すことで、ポジティブなエネルギーを引き出し、「できそう」という気持ちを作る。

●**手がかりの提示**　教科書やノートを活用し、「ここ見るといいよ」「ヒントはここね」と具体的に活動の手がかりをあらかじめ伝え、「できそう」の気持ちを作っていく。

②リアルタイム

　OFF や OFF になりそうな時には、子どもの困っていることを受け止めつつ、柔らかい修正から「こうするといいかも」「○○はどうかな？」と活動の手がかりを伝える。OFF と ON が行きつ戻りつになってしまっても、少しずつ ON へと切り替えていく。

●**活動していることをほめる**　サポートによってできたことであっても、ON になっていく変化を認め、ほめていく。「もしかしたら自分もできるようになるのかな」「自分も

できたらいいな」という願いを掘り起こし、自分への手応えを作っていく。

●**「大丈夫？」** 子どもが迷っている時、困っている時には、「大丈夫？」「どうした？」と子どもの気持ちに寄り添い、「(先生は) 自分を助けてくれる」と感じてもらえるようにする。自分一人では難しいけど、先生とならできるかもという期待が ON を生み出す。

●**プロンプト** もし活動の途中でわからない、できない状態になったとしたら、リカバリーできるような手がかり（プロンプト）によって「できそう」から ON にしていく。

●**耳打ちのことばかけ** 活動の手がかりを耳打ちのことばかけしてもらうと、あたかも自分で取り組んでいくような気持ちになり ON に切り替わっていく。

●**ON への再提案** 子どもが思い込みによってズレた活動をしている時でも、「こうすべき」といきなり頭ごなしに修正するのではなく、本人の思いを聞き、「そうかぁ」と受け入れながらも、「じゃあ、これはどうかな？」と ON への具体的な提案をする。

③事後

●**自分の中の確かさ** 自分なりに「よしっ！」とゴールの手応えを感じた時、その経験が次の ON につながるエネルギーになる。

●**承認とほめ** 「いいね」「ありがとう」と、周囲から認められる機会を作る。

●**プチ自慢** 小さなできたが生まれた時に、「それはどうやってやったの？」とたずね、がんばりを「プチ自慢」として語ってもらう。「へえ、そうかぁ」「○○するといいね」と受け止めつつ、時には、「じゃあ◇◇もできちゃうのかな？」と本人のポジティブなエネルギーをくすぐり、できた経験を次なる目標（ON）へとつなげていく。

●**共感** 子どもが感じているゴールへの手応えを一緒に「いいね」「イェーイ」と喜んでいく。自分の喜びを先生も喜んでくれているという共感が次の ON につながる。

（4）つまずきの理論・サポートの理論

　ダメ出しだけでは学べない理由 子どもが望ましくない行動をしている時、OFF の状態の時、「ダメじゃないか」「そうじゃないでしょ」と単なるダメ出しでは、子どもは切り替えが難しい。何を、どうすればよいのか具体的に伝えられることのない、単なるダメ出しでは、子どもは自分だけでは切り替え方がわからない。たとえ、「○○しなきゃダメでしょ！」とやるべきことを伝えたとしても、「できそう」と思えなければ切り替えられることはない。もし切り替えられない子どもに、さらに強い圧をかけて切り替えようとすると、今度は、子どもは自分を守るためにガードを強めたり、反発したりする態度を取る。その態度が望ましくないと注意をすると、まさに負のスパイラルとなって

いく。負の行動をいじるより、プラスの行動を引き出す関わりから始めるようにする。子どもが「できそう」と思えるようにしていく。OFF から ON を作る際には、負の行動はいじらずに、小さなできたというプラスの行動を作っていく。

（5）妙手

　マイサポート手帳　子どもに行ってきたちょいサポをメモした手帳を作る。どのような場面、課題、ちょいサポで ON の活動となり、逆に、どのような場面、課題、関わりだと OFF になりやすいのか、ON と OFF の記録を残していく。単に、何が「できた」「できない」のように 100 と 0 の結果だけを捉えるのではなく、場面や課題、子どもとの相互の関わりから生み出された ON へのプロセス（ストーリー）を記録していく。記録を見直すことで、ON には ON になる訳があることを読み解き、ON に切り替えていくこの子ならではのコツを見つけていく。子どもを助けるちょいサポの手がかりを見つけていく。この子ならではのマイサポート手帳を引き継ぎの資料とすることで、子どもの ON を作り出す手立てがリレーされていく。

OFF から ON へ　"小さなできた"を引き出すコツ一覧

あらかじめ	**やりたくない、面倒くさがる子に** ・まず本人の何かを 1 つほめる。ON の状態について話し、子どもの気持ちのエネルギーをつくる。 ・子ども世界への寄り添い：本人の好きなことを用いた課題から子どもの接点を作る。 ・インスタントサクセス：子どもが ON になりやすい、できそうな課題から始める。 ・はじめの一歩：「まずここだけやってみよう」と動き出しのきっかけを作る。 ・プラスの見通し　「〇〇すると◇◇できるね」とゴール達成のプラスの見通しを作る。 **やり方がわからずに、OFF のままの子に** ・わかりやすい指示：シンプル、情報量、手順、見通し、ゴールクリア（第 2 章 3） ・一目瞭然：何を、どのようにするかを「聞いて・見て・やってみて」で伝える。 ・ルーティン的な活動の活用：いつものできる活動から始める。 **衝動性の強い子どもに** ・暗示的誘導：「これどうやってやるの？」「これ難しくない？」とプラスの方向へ誘導する。 ・スイッチ ON への切り替え：「じゃあさあ、◇◇できるかな」と ON へのきっかけを作る。 **自信がもてない、不安が強い子どもに** ・過去の成功を想起：「この前、こうできたね」「この前、楽しかったね」 ・手がかりの提示：「ここにヒントあるよ」と「できそう」の手がかり
リアルタイム	**活動している時に** ・活動する姿をほめる：「その調子！」「〇〇までできたね」 **迷っている時、困っている時に、修正が必要な時に** ・子どものそばに寄り添い「大丈夫？」「どうした？」の一言から、子どものヘルプに気づく ・プロンプト：リカバリーできるような手がかり（プロンプト）によってあたかも自分でできたへ（第 2 章 5） ・耳打ちのことばかけ：活動の手がかりを耳もとで伝える（第 2 章 8） ・ON への具体的な活動の再提案「そうかぁ、〜なんだね。じゃあ、これは、どうかな？」
事後	**達成感** ・活動のゴールができる：ゴールがわかってゴールできて「よしっ！」 ・承認とほめ：周囲から認められる、ほめられる、ありがとうの一言、その機会を作る（第 2 章 6） ・プチ自慢：「それどうやってやったの？」これまでのがんばりを本人に語ってもらう。 ・共感：子どもがゴールへの手応えを感じていることを一緒に喜ぶ。「いいね」「イェーイ」と共感 ・マイサポート手帳：その子に応じたちょいサポをメモした手帳を作る。引き継ぎ資料にする。

8 耳打ちのことばかけ
（外側からの行動調整の支援）

（1）子どもからのヘルプ

　活動の説明を聞いたのに、何からどう活動し始めたらよいかわからない。活動しているうちに、次の手順がわからなくなってしまう。目の前の活動に集中できず、本来の目的と違うことに気持ちがいってしまい、最後まで活動できなくなってしまう。注意をされると、かえって怒ってしまう。かといって、自分からはヘルプが出せずに、活動が止まってしまう。こんな時、どうしてあげたらいいだろう。

（2）つまずきの訳

　最初は、わかったつもりで活動を始めようとしたけれども、

　　つい、自分が気になることから始めてしまう（衝動性）、

　　考えている途中で集中が途切れてしまう（集中の持続）、

　　覚えたつもりの手順を忘れてしまう（ワーキングメモリー）、

　　いくつかの手順を同時にできない（マルチタスクの苦手さ）、

　　活動の手順を内言で考えることが苦手（内言語でのプランニング思考）、

　　違う刺激が気になって余計な行動をついやってしまう（衝動性）、

など、実行機能に苦手さがあると、自分ではちゃんとやりたくても、活動のゴールまで行けないことがある。そんな時、「早くやって」「みんなは（ちゃんと）やってるよ」「どうしたの！」と言われても、ますます活動できなくなってしまう。こんな時は、子どもの様子を見守るようにしながら、「大丈夫？」とやさしく声をかける。今までやっていたことや今やろうとしていることを「がんばってるね」「いいね」と認めながら、困っていることを助けるように、手がかりやプラスの意識覚醒のことばを耳打ちしていく。

（3）ちょいサポ

　一人では活動できないけど、外側からのやさしいことばかけのちょいサポで子どもが活動を続けていけるようなお手伝いをする。やさしい耳打ちのことばかけをきっかけに、「あたかも自分で」進めているかのごとく活動が続いていく。耳打ちのことばかけは、外側からの声かけだが、耳打ち（おだやかに、そばに近づいて、小さい声、声をかけるタイミング、低い位置からの姿勢）で話すことで、子どもたちは自分の内言のように聞くこ

75

とができる。今やっている活動への後押し的な応援となり、次の活動の手順やゴールへの見通しの手がかりとなっていく。時には、一人称でわかりやすく話しかける。時には、問いかけ的に本人の気づきを誘発するように話しかける。話しかけることばの内容は、その時の行動調整に合わせて耳打ちしていく。

「だいじょうぶ？」「何か困ったことある？」（ヘルプの理解と寄り添い）

「いいね」「OK！」（活動の後押し、プラスの意味づけ、自己肯定感、楽しさの共有）

「〜だった？……」（気持ちの理解、寄り添い、共有）

「じゃぁ、さぁ」（プラスの行動への切り替え、理解とポジティブな切り替え）

静かに肩支え（プラスの行動がやりやすいように体を支え、気持ちを支える）

「……だとしたら……」（手がかりへの注目からプラスの活動への誘導）

「できるかもよ」「……だいじょうだよ」（安心、ポジティブな暗示）

「〜するためには……かな？」「〜ってことは……」（思考の整理と方策への意識化）

「○○と□□どっちがいい？」（何を活動すればいいかで迷っていたら、活動のヒントを与えながら、選択的に思考していく。選択肢のヒントが活動の見通しになっていく）

「……できるかな？」（肯定的暗示、ポジティブな切り替え）

「〜します」（一人称で言われると、やるべき活動を自分の考えのように感じられる）

「……したら〜しようね」（終わった後の見通し、ご褒美、近未来の成功イメージへ）

「今、どうしたらいいと思う？」（周りを見るきっかけのことば）

「どうしても我慢できないかな？」（自己コントロールの力を確認することば）

「本当は……じゃないの？」（改めて自分の可能性ややりたいことを見つめ直す）

「〜って、どうやってできたの？」（自己肯定感、メタ認知的に方策やコツを意識する）

「すごいね」「よくがんばったね」「いいね」（ゴールへの達成の共有、自己効力感）

「〜って、気持ちいいね」（達成感の共有　成功へのモチベーション）

子どもは、プラスの活動の意識やがんばっている気持ちを保ちつつ、自分の活動や思考の手助けとなることばを耳打ちしてもらえると、引き続きゴールまで活動できるかもしれない。自分でがんばりたいという気持ちが少しずつ形になっていく。

おだやかに、そばに近づいて、静かに（CCQ）ことばかけすると、子どもの気持ちや思考とリンクしやすい。子どもが自分で「あっ」と気づいていくことを引き出していく。やがて耳打ちのことばかけをだんだんとフェードアウトし、自分で調整するセルフトーク（内言）へとつなげ、自我的な調整力（セルフコントロール）へと発展させていく。

（4）つまずきの理論・サポートの理論

子どもは、自分の外言や内言で行動を調整していく。しかし、最初からできるわけではなく、外言と内言での行動調整を少しずつ学びながらできるようになっていく。

①外側からのことばかけを手がかりに行動を調整していく。最初の外側からのことばかけは、大人のことばだったり、大人のことばの復唱だったりする。

②今までの体験や大人のことばを自分の外言として取り入れ、行動を調整していく。

③自分の外言をだんだんと小さくしていく（小さな一人言、セルフトーク）。

④自分の内言（心の中のことば）で行動を調整していく。

この育ちのプロセスの中で、自分だけの力では内言への行動調整へと移行していくのが苦手な子がいる。耳打ちのことばかけは、その行動と育ちのちょいサポとなる。自分ではすぐに調整できないけれど、心の中のことば（内言）のようにことばかけしてもらえることで、行動調整ができるようになっていく。子どもの状況に寄り添って、子どもの心の中のことばのように声をかけることで、自分の内言での行動調整につながっていく。

（5）妙手

耳打ちのことばかけをしていく時、子どもの「できにくさ」への共感・寄り添いを感じながら、子どもの思考とリンクしていくようにする。子どもは、「あたかも自分」の力でできていくように感じていく。子どもとのリンクを高めていくためには、ことばかけのタイミング、子どもとの呼吸、姿勢、柔らかい口調、プロソディ（ことばの強弱・長短・高低・リズム）を工夫する。耳打ちのことばかけをきっかけに、子どもたち自身の気づきのようにしていく。子どもだけでは気づけなかったかもしれないが、自分の気づきのように活動できると、その後の活動のエネルギーが変わってくる。

時には、耳打ちのことばかけを子どもとの交渉のように使う（〜できるかな……）。ちょっと難しいと感じていた課題でも、できそうな感覚がもてるような暗示的な誘導（〜できそうだね……）や、もしかしたらできるかもと子ども自身の自信につながるようなのせ上手なことばかけ（〜できるんだね、すごいね）ができると、子どもの力を新たな覚醒へと導いていける。耳打ちのことばかけによって、ゴールに向かう気持ちと手立てが見えてくる。

9 実行機能「できそう」のちょいサポ

（1）子どもからのヘルプ

　今日から掃除担当が変更になったので、先生は「床を掃除したあとには、便器をブラシでこすってよく水で流してね。流しの掃除もしてね」と説明をする。新しくトイレ掃除の担当になったＡ君は、手順を理解しないまま、トイレブラシを見かけて「これやりたい」とすぐに便器をこすり始める。でも、すぐにあきてしまい、トイレブラシを放ったまま、今度はモップを持ち出して遊び、掃除用具を片付けないまま掃除が終わる。

（2）つまずきの訳

　実行機能に苦手さを抱えると、思いつきの行動になりやすく、手順の組み立てや手順に沿った活動が苦手になる。実行機能に基づく活動では、①**情報キャッチ**として、課題内容（何を、何のために、どのように、いつまで、条件など）を捉え、②**プランニング**として、キャッチした情報に基づいて、状況や条件などを踏まえたうえで活動の優先順位や手順を組み立てる。そして、③**目的や手順（プラン）を記憶しつつ活動し**（ワーキングメモリー）、④**抑制**として、衝動的な反応（不必要な反応）を抑え、⑤手順（プラン）に沿って**活動を持続し、ゴールまでていねいに取り組む**力が必要となる。

（3）ちょいサポ

①情報キャッチ

●**手順表と合わせて説明**　課題内容を指示・説明する際に、口頭のみで伝えるのではなく、手順表や説明図とともに伝える。時に見本を示し、活動のイメージがもてるようにする。自分の情報キャッチでいいのか、自己チェックの手がかりともなる。

●**複数手順**　活動が複数手順の場合、最初の数手順のみを伝え、その手順のみでまず活動する。いくつかのまとまりで手順を伝え、全体の手順理解につなげる（分習法）。

●**情報キャッチの確認**　情報が子どもに伝わったかを確認する。手順の大きな流れや大事な情報を確認する。時には実際に活動する前に、一度シミュレーションをする。

●**Ｉ copy（復唱）**　説明した手順や重要なポイントを復唱してもらい確認をしていく。また、一度、活動ができたという経験を踏まえて、次の機会において活動前に「この前できたことを思い返してね。はじめにやることは何だった？」と問いていく。子どもの

記憶が十分でない場合には、手順表をちら見できる状態で答えてもらう。

②プランニング

●**一目瞭然の手順表**　活動の手順をあらかじめ設定し、手順表で見てわかるように伝える。例えば、掃除の手順表として、「①○○、②◇◇、③△△」と手順を数字とともに示す。手順表の一項目は、シンプルに1つの活動のみにし、追加の情報は2つめの文として示す。手順数も子どもに応じて調整する。絵を添えてイメージできるよう、一目瞭然でぱっと見でも捉えられるようにする。

●**システマティックな活動とルーティン化**　活動の手順に基づいたガイドをして、子どもが「なにを、どのようにするのか」がわかるように、活動への参加を促す。そして、その手順でいつも活動を繰り返していくことで活動がルーティン化できるようにする。このように一定の枠組みをもって活動参加を促すのがシステマティックな活動である。掃除のような日常生活における活動（朝の提出物、帰りの支度、給食当番など）だけでなく、学習活動においても子どもの認知特性、情報処理の状態、実行機能の状態に応じた活動と手順の整理を行い、パターン化させ、繰り返し行うことで参加を促す。

③ワーキングメモリー

　活動している最中も必要な情報（目的や手順など）は頭に留め処理していく力がワーキングメモリーである。ワーキングメモリーの苦手さを抱えると、活動の目的や手順、条件を頭に留められず、手順が抜けたり、誤ったり、つい忘れてしまうことにもなる。

●**リマインダー、やることリスト**　情報を頭に留めにくいならば、頭の外側に情報を置き、それを活用できるように声かけする。

●**アルゴリズム化**　一連の手順をキーワード化（アルゴリズム的に言語化）すると、本人が手順などの情報を捉えやすく、頭に留めやすく、そして用いやすくなる。掃除場面での「ほうき→ブラシ→モップ→ながし」、算数の割り算筆算での「立てる→かける→ひく→下ろす」などである。その情報を手順表などとして残して掲示すれば、手順がわからなくなった時にちら見で確認できる。

●**シミュレーション**　活動前に「これどうやってやるのか頭の中で思い返してみて」とできた経験を踏まえて、頭の中でシミュレーションする機会を設ける。

④抑制（no-go）

●**手順表チェックで活動維持**　手順表の項目ごとにチェック欄を設け、１つの項目が終わるごとに自分でチェックする機会を設け、進捗を確認する。また、手順表チェックによって不必要な反応が抑制できるようにする。

⑤**活動を持続し、ゴールまでていねいに取り組む**

●**点検表・見本図チェックによる修正**　手順表や点検表を準備し、活動の最後に振り返りをする機会を設ける。手順表や点検表に基づいて自分の活動が手順などに沿ってできたのかを確認する機会とする。または完成の見本図を準備し、それに基づいて自分の取り組みについて振り返ったり、修正したりする機会とする。

```
┌─────────────────────────┐
│    トイレピカピカ点検      │
├─────────────────────────┤
│ 1. 床                    │
│ ・床にゴミがありませんか。 │
│ ・床の汚れはおちていますか。│
│ 2. 便器                  │
│ ・便器の汚れはおちていますか。│
│ 3. ながし                │
│ ・ながしの汚れはおちていますか。│
│ ・かがみはきれいですか。  │
│ 4. そうじ用具            │
│ ・見本図と同じように片付いていま│
│ すか。                   │
└─────────────────────────┘
```

●**うまいやり方の確認とプチ自慢**　本人ができたこと、がんばったことを大人から認め、ほめるだけでなく、「○○がんばってるね！　何か工夫しているの？」「ここいい感じだけどどうすればできるの？」と本人に自分のがんばりを語ってもらう。そこで語ってもらうプチ自慢に関心を示し、うまいやり方や本人のがんばりを確認し、認めていく。そのような関わりがうまいやり方を確認することになり、次の活動へつながる。

（4）つまずきの理論・サポートの理論

　実行機能では、情報キャッチ、プランニング、ワーキングメモリー、抑制、ゴールまでていねいに取り組む力の他、自分の行動を俯瞰する力、状況に応じて思考や行動を柔軟に切り替える力、感情コントロールの力などが必要となる。

（5）妙手

　手順表や指示など、外側からの支えによって活動できるようになった後は、だんだんと自分でできるように、実行機能の力を育てたい。ポイントの１つは手順の内言化である。例えば、習字の左はねの書き方を教える際には、左はねを書いたゴール見本を示し、実際に左はねを書いて手順見本を示す。その際に手順を「ハラをグッ（と止めて）、左にスゥッ（と抜く）」などと言語化する。時には子どもの筆に手を添えて一緒に書く時も、手順を唱えながら書く。そして、書く前にも手順を一緒に唱えて、頭の中でイメージ化する。それにより、言語化された手順が子どもに内言化される。子どもは内言化された手順によって、自分の手がかりとすることができる。

第 3 章

見つけた！
「ぼくにぴったり」の
学びのスタイル

1 子どもにとって、学びは今を生きる分かれ道

　中２のNさんは、授業中に眠ってしまうことがあった。K先生は、9月からNさんの中学校の国語の担当になった。先輩の先生方からは、Nさんは「睡眠障害」だから授業中に眠っていても、しばらく様子を見ているようにと伝えられていた。最初の頃、先輩の先生が話していたように、Nさんは、授業中に眠っていることがあった。K先生は、Nさんの授業中の居眠りをNさんのリズムと思い、そっとしておいた。

　K先生は、国語の先生だが、絵を描くのが得意だった。生徒からの質問にも、即興的に得意の絵で応えていた。子どもたちが興味をもてるようにと、短いことばのクイズを取り入れて授業を進めることもあった。そんなある日のこと。Nさんのお母さんから手紙をいただいた。「睡眠障害」と言われていたNさんだが、この頃「眠ることがなくなってきた」とのこと。「どうして？」と尋ねると、「授業が楽しいから」と話してくれた、と書かれていた。手紙には、「ありがとう」ということばが添えられていた。

　あらためて考えてみよう。どうやらNさんは、今までは、ことばをキャッチする力、ことばをことばで学ぶことや、ことばだけで思考することが苦手だったのかもしれない。授業中で使われることばがわからなくなってしまうと、学びに参加できなくなってしまい、眠ってしまったのかもしれない。そんな折、わかりづらかったことばを絵（視覚的手がかり）で表現してもらい、短いことばのやりとりで思考しやすくなり、授業に参加できることが増え、たとえ睡眠しやすい特性があっても、眠ることが少なくなっていったようだ。

　教室は学びを行う場だ。日々の子どもたちの「今」は、学び（授業）を中心に進んでいく。子どもたちに「できにくさ」（ことばの理解、書く、計算、考えるなどの苦手さ）があると、思うように授業の学びに参加できずに教室での居場所をなくしてしまうことがある。子どもにとって、「学び」に参加できるかどうかは、自分の今を充実できるかどうかの大きな分かれ道になる。「できにくさ」があると、「学びのバリア」（学習を進める上での難しさ）ができやすく、学びへの参加が難しくなってしまう。発達障害のある子の中には、自らの「できにくさ」のために、学びに参加できず、「眠ってしまった」り、「教室を飛び出してしまった」りする。学びの参加度を上げるためには、「学びのバリア」対策が求められる。子ども一人一人の「できにくさ」と「バリア」の関係と対策を理解し、子どもが輝き出す、その子にぴったりの学びのスタイルを見つけていく。

2 学びの過程におけるバリア対策

　新しい内容の学び（認知）のプロセスにおいて、環境、カリキュラム、教え方などに生まれやすい「学びのバリア（障害）」をあらかじめ予想し、対策を考える。

（1）第1段階──ガイド
　学び（授業）には、計画された学習内容（カリキュラム）がある。第1段階では、子どもたちは、学習の目標や内容のガイド（案内的な導き）を受ける。授業では、導入部分にあたる。この時、子どもたちには、それまでの学習の積み重ねと新しい内容の情報キャッチが求められる。課題設定やガイドのバリア対策を考える。

●**レディネス**→子どもの力を事前に把握し、ちょっとがんばればわかるレベルにする。子どもの実態からずれた課題設定のカリキュラム（学習計画）では、「学びのバリア」が生まれやすい。学習内容を子どもの実態に合った内容にしていく。

●**モチベーション**→子どもの学びたいというエネルギーの強さが、バリアに向かう力になっていく。子どもの知りたい、わかりたいという意欲（動機）を掘り起こしていく。

●**焦点化**→学びのスイッチをONにしやすくするために、ガイドの段階で学びのポイントを絞り、学習の内容（何を）、目的（何のために学ぶのか）をわかりやすくする。新しい内容の思考に集中できるように、情報量と内容を目的に向けてシンプルにする。

●**インストラクション**→わかりやすいことば、イメージのわく視覚化、情報キャッチしやすい反復など、子どもの内面や思考を意識したやりとりや子どもが理解しやすいインストラクション（教示）を行う。子どもの内面思考とリンクしていく。

●**ゴールクリア**→何を、何のために、どうやって学ぶのかを明確にし、ゴール（学習の目標）までの見通しをもてるようにする。

（2）第2段階──活動・思考・理解（同化）
　第2段階では、子どもたちは、活動と思考をしながら新しい学習内容（論理、概念）を自分の中に取り入れていく。新たな学習のためには、条件の理解、課題解決的な思考、活動が求められる。自分なりの「わかった」を構築していく段階だが、時には、バイアス（わかったつもりだが勘違いしてしまう）も生まれやすい。

●**活動**→新しい概念、論理の思考につながる活動を用意する。活動で考えていく。

●**言語・文脈**→子どもにわかることばを使い、活動や思考の文脈理解を捉えやすくする。

●**視覚化**→言語だけで難しい場合やイメージしづらい内容には、視覚的手がかりを使う。

●**モデル**→活動の手順、方法、注意点を、モデルや資料でわかりやすくする。

●**リハーサル**→お試しでの活動や試行錯誤をしながら活動できるようにする。

●**プロンプト**→活動を引き出していくような身体的、言語的、視覚的な手がかりを作る。

●**一緒に**→もし子ども一人では難しい場合には、一緒に活動する。

●**あたかも自分で**→子どもの自分でできた、わかったという達成感を大事にする。

（3）第3段階──まとめ・習得（調節）

　第3段階では、子どもたちは、学んだ内容をまとめ、自分の中に取り入れていく。今までの学習と新しい学習内容の関係を文脈的に整理する。

●**反復、内化**→新しい内容、方法を理解、整理できるまで自分に合った繰り返しをする。

●**視覚化**→自分の中に獲得した内容を直観的に確認できるように、内容を視覚的に表現する。直観的にイメージ化されていると、理解と記憶がわかりやすくなる。

●**学習の証**→思考した文脈を整理し、新しい学習内容を目に見える形にまとめていく。学習の証を作ることで、改めて自分の中に確認ができる。フォーマット（タイトル、今日の学習内容、活動、気づいたこと、今日の新しいポイント、例題など）を作り、証を作りやすくする。作った証を見直すことで、学びの確認と積み上げができる。

●**証の連続性**→今までの学習内容とのつながりや違いを意識しながらまとめていく。

（4）第4段階──活用・般化（均衡化）

　第4段階では、子どもたちは、学んだ内容のポイントを記憶し、応用的に広げ、生活に活かすなど、新しい学びへと活用していく。

●**学習内容のカード化、一枚化**→学習のポイント、手順をカードにしていく。学習の単元全体の内容を一枚にまとめ、個々の学びの全体構造やつながりを意識しやすくする。

●**活用、発展事例へのヒント**→新しい学習内容を生活で使っていくことや、次の学習内容に活用していく準備をする。活用の事例などのヒントを参照できるようにする。

●**リマインダー**→記憶を呼び戻せるような手がかりを作り、学習の定着を目指す。

＊学びのバリア例：読み・書き、漢字、読み取り、繰り上がり・繰り下がり、7の段のかけ算、小数のわり算、分数のわり算、文章題、小1ギャップ、9歳の壁（抽象概念思考）・中1クライシスなど、学習の難易度があがる時に学びのバリアができやすい。

学びの流れ（認知プロセス）におけるバリアとサポート

ステップ	学びのプロセス（概念、思考、認知）	つまずきやすいこと（バリア）	手立て（バリア対策）
ガイド	「速さ」という新しい概念を教わる。 新しい学習活動へスイッチON 新しい質の枠組みを知る、キャッチ 学習目的と方向性の理解 概念化の始まり	情報量、表現媒介、条件の難易度、 モチベーション、既習の理解などによる情報キャッチに違い 概念思考の理解とイメージの苦手 曖昧な表現の理解の苦手さ	レディネス（ジャストステップ） わかりやすいガイド（焦点化） シンプルなインストラクション 学習特性に合ったインストラクション、その共有 目的と見通しクリア、その共有
活動 思考 理解 （同化）	道のり、時間、速さの関係性と、スピードを 比較する方法をいろいろ考えてみる。 活動と思考を繰り返し、だんだんと文脈の理解へ 解く 自分なりの「わかった」の構築	学習意図や目標の理解と共有 学習活動への参加度・リンク度 試行錯誤の活動と思考 複数情報、活動の苦手さ 読み解く力の苦手さ	視覚化、モデリング（見てわかる） リハーサル（何度かやる、スピード） （一人でできなくても）一緒に 手がかり、プロンプト、構造化 あたかも自分で（意欲の持続）
まとめ 習得 （調節）	時間と道のりの意味、単位量の考え方、計算、 比較の方法をまとめ的に理解する。 ポイントの見極め、学習の証 「わかった！」の確立、共有	文脈、意図のバイアス 書く、表現の苦手さ 基礎の練習から応用への発展 まとめ（文脈整理）の苦手さ	内容の確認（文脈の視覚化と言語化） バイアスへの修正（確かめの共有） 証の視覚化と連続性（フォーマット化） 一枚化・カード化によるまとめ
活用 一般化 （均衡化）	「速さ」の考え方を使って、日常の移動について考える。他の単位量学習へ活かす。 「わかった」の整理 次に活かす熟成、波及	記憶、ワーキングメモリー 既習内容の整理、定着、活用 多視点　他の条件への転用 新しい条件思考への対応	記憶を助けるリマインダー フィードバック（反復） キャリーオーバー（生活で使える力へ） 活用事例の提示、手がかり

3 学びの特性の理解

　子どもたちは、「学びのバリア」や「できにくさ」のため、学びの参加や活動が難しくなってしまうことがある。学びの充実のためには、個々の実態に応じた「学びのバリア」対策と学びの特性や「できにくさ」にぴったり合う学習スタイルを見つけていく。

（1）個々の学びの特性・特徴を把握する視点

●**学びの基礎**→学習に必要な基礎的「読み・書き・算」（アカデミックスキル）の状態。

●**学びのレベル**→学習の前提となる既習の理解、習熟度（レディネス）の状態。

　子どもの学習の準備・土台によって、「何を」「どこから」学習していくのか、学習の計画（プロセス）作りが変わってくる。

●**認知の特徴**→情報処理、思考の特徴。

・新しい条件を理解し、処理をしながら思考する力（流動性知能）

・今までの知識を使って思考する力（結晶性知能）

・今までの学習内容の定着度（既習の理解と記憶）

・新しい情報・条件を短期記憶しながら活動する力（ワーキングメモリー）

・活動の手順、操作の理解と処理作業をどのくらいできるか（実行機能）

・同時処理と継次処理（第3章4参照）

　認知の特徴（得意、不得意）がわかると、学習の進め方、手がかりが変わってくる。

●**学びのメディア**→情報を伝え合う時のメディア（媒介）の得意、不得意。

・言語、非言語、概念思考、論理的思考、視空間、操作的活動、動作、実行機能（ゴールまでの手順）などの状態。学習の伝え方や確認の手立てが変わってくる。

●**学びのスタイル**→問題解決的な思考、新たな条件を推理的に思考、既習内容やある程度のパターン的学習内容を踏襲しながら思考、手がかりとなりやすいヒントを頼りに思考、マニュアルに応じた思考など、思考の特徴によって学びのスタイルが変わってくる。

●**学びの自発性**→新しい問題に向かう時、自分なりの解決をしようとする力。問題関心（知的好奇心）の広さや意欲、自分の枠へのこだわりの強さや新しい課題への柔軟性、自分の力で問題を解きたいという意欲、問題の難易度よる意欲の違い（できそうにならないと課題に向き合えない場合がある）が影響してくる。新しい課題に向かう時の難易度・解決方法が変わってくる。

（2）障害特性によって間違いやすい課題をあらかじめ予想し、対策する

● ADHD 傾向（衝動性）から起こりやすい（予想される）学びの「できにくさ」

〈学習活動全般にかかわること〉

・時間が長くなる、情報量が多くなると集中の持続が難しくなる。

・情報が多くなると、条件が抜けやすい（気になる刺激、情報に引っ張られやすい）。

・ていねいな活動が求められる学習活動（一つ一つ条件や操作に対応していく）

・いくつかの手順に沿って行う学習（四則計算、小数のわり算）

・継次処理的な情報処理や思考を苦手とする。

〈不注意・衝動性から間違いやすい課題〉

・読み間違い、読みとばし　　・促音、拗音のルール変化に気づかない。

・漢字の読みのルール変化に気づかない。　　・文章の意味を正確に理解できない。

・書字が乱雑、マス目に入らない。　　・漢字の形や書き順を正確に覚えられない。

・数字の書き間違い　　・桁がずれる。　　・計算間違い

・好奇心が旺盛で、興味をもちやすいが、考えるより先に動いてしまうことがある。

・興味、関心が目の前のことに向かず、自分の気になることに行ってしまう。

● ASD 傾向の子どもに起こりやすい（予想される）学びの「できにくさ」

・間違って理解している言葉がある。　　・内容をイメージできない。

・重要なキーワードに気づかない。

・自分視点で考えやすく、相手の視点や気持ちを考えるのが苦手。

・文章を字義通りに読んでしまい、文脈・意図を感じ取るのが苦手。

・あいまいな表現が苦手。　　・柔軟な対応や思考が苦手。

・誤った解決方法を身につけてしまうことがある。

・状況を踏まえて問題解決的に思考するよりも、パターン記憶的に処理する方が得意。

● LD 傾向の子どもに起こりやすい（予想される）学びの「できにくさ」

・文字を書き間違えることがよくある。　　・ことばの指示を理解することが難しい。

・教科書がうまく読めない。　　・言いたいことをうまく話せない。

・図形の問題や文章題を解くことが難しい。

・ハサミやのり、ボール、リコーダーなどがうまく扱えない。

4 学びの特性に合った学習スタイル

（1）子どもの特性に合わせて、情報キャッチや学習スタイルの工夫

先生「たかし君の日記を読みます。あとで３つの質問をします。よく聞いてください。」

> 　体育の日、ぼくは、歩け歩け大会に参加しました。学校を９時に出発しました。歩いている途中、新幹線が見えたり、きれいな花があったり、楽しかったです。ゴールの近くでは、少し疲れたけど、お父さんが一緒だったので、最後まで歩けました。ゴールの公園に着いたのは、11時でした。お父さんが、「学校から公園までの８kmをこんなに速く歩けるなんて、すごいね」とほめてくれました。

　この作文には、２つの要素（日記的要素、速さに関する学習的要素）が混在している。子どもたちがどこに注意を向けるかによって、情報のキャッチは変わってくる。

　先生が「何の大会に参加しましたか？　途中、何が見えましたか？　どんな気持ちだったかな？」と日記的要素の質問をすれば、当然、出来事の様子が大切な情報になる。

　先生が、「さて、問題。たかし君の歩く速さはどのくらいでしょう？」と速さの学習的要素を話題にすれば、大切な情報の内容が変わってくる。速さの学習のためならば、大事な情報は、①９時から11時、②８km、③速さは？、の３つになる。

　学習の始めの段階では、子どもの注意が大事な情報に向くようにしたい（選択的注意）。例文のように２つの要素が混在していれば、大事な情報に集中しづらい。もし情報が混在している教材を使うならば、話す前に、「何のために、どんな情報」をキャッチするのか、注目ポイントを明確に伝えなくてはならない（焦点化）。日記部分なのか、速さの学習のためなのか、あらかじめ方向性を明確にし、必要な情報キャッチに向けた子どもの意識を作っていく。もっとも、情報キャッチをやりやすくするためには、情報自体にいろいろな要素を混在させない（シンプル）ようにする。注意集中が苦手な子（不注意）には、情報キャッチの集中を高める工夫が大事になってくる。

　速さの学習のためには、「学校から公園まで８kmを歩きました。学校を９時に出て、公園に11時に着きました。速さは？」と情報を整理（シンプル）して伝える。

　ただ、たとえシンプルな内容であっても、ことばで伝えたらどうなるだろうか？　継次処理やワーキングメモリーが苦手な子ならば、耳で聞きながら３つの情報を捉えることが難しく、聞いているうちに大事なことが抜けてしまう。さらに、速さの学習のために必要な３つの情報「道のり、時間、速さ」に注目できるのは、その論理性を理解して

88

いるからである。もし速さの学習以前であれば、文脈に合った情報を逃しやすくなる。情報のポイントを意識的に捉えられるのは、情報の背景にある文脈（論理性）がわかっているかどう

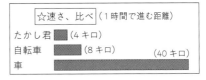

	道のり	時間	速さ
たかし	8	2時間	
自転車	8	1時間	
車	8	12分	

かで変わってくる（結晶性知能による情報処理）。初めての文脈（論理）の場合でも、着実に情報をキャッチしてもらうためには、文字に残して伝えていく。

☆速さ、比べ（1時間で進む距離）

たかし君（4キロ）／自転車（8キロ）／車（40キロ）

　より正確に情報をキャッチして学習を進めるためには、内容を整理する活動をする。プリントやノートに、道のり→□、時間→□、時速→□と指定された枠に情報（数字）を書き入れるなどの活動を行っていく。情報を整理した表（視覚的構造化）に数字を書き入れる活動をすれば、次の思考にもつながりやすい（流動性知能による情報処理）。情報のポイントを復唱（I copy）し、意識を高めていく。

　ことばや文字だけで現象を捉えるのが苦手な子には、現象をイメージ化していく（現象の視覚化）。また、「道のり、時間、速さ」の関係性を子どもの中にわかりやすく構築していくためには、「自転車は、1時間で走りました」など、よりシンプルに速さ（時速）をイメージしやすい現象を想定し、速さ（時速）の概念の理解（道のり÷時間＝速さ）や単位量的な考え方を具体的に思考していく。

　発展問題として、「学校から公園まで、車で走ったら12分で着きました。車の速さは？」に対する子どもの考え方や解き方にもいろいろある。

　イメージ図など視覚を手がかりに考える。／公式を使って考える（結晶性知能）。／公式をちら見しながら考える（記憶の補助）。／表の数値の違いを見ながら考える。／友だちの解答を手がかりに考える（モデルなどを見て気づいていく）。／先生とやりとりしながら一緒に考える（合いの手）。／最初はできなくても同じ問題を何度も解きながら考える（反復）。／シンプルな問題で繰り返し考える。／類似問題（同じ設定で数値を変えた問題）で考える（例：15分で着いた車の速さは？）。／自分の生活体験を思い浮かべながら考える。／速さの論理性が少しわかってきたら、さらに発展問題（例：時速160キロの新幹線は、どのくらいの時間で着くのかな？）を考える。

　学習のまとめとして、学習内容をカード化や一枚化し、学習内容の証（同時処理的なまとめ、論理のシンボル化）を残す。まとめを何度も見ることで理解が定着していく。こうして速さの概念、「道のり、時間、速さ」の算数的な理解をイメージ的、論理的、体験的、発展的（般化的）に学んでいく。

（2）子どもの認知特性に合った学習スタイル

●かけ算の学習方策例

・かけ算をブロックで操作的に理解。

・アレイ図で視覚的に理解（同時処理）。

・九九表で数の感覚を全体的に理解。

・かけ算を記憶で理解（継次処理）。

・意味文脈で理解（事象のイメージ）。

・文章問題を解いて確認。

・体験エピソード的に理解。

情報処理の違いによる学習方策例（同時処理と継次処理）

	同時処理	継次処理
意味	全体的な関連性に着目して情報を処理する。視覚的、全体的な手がかりで考えていく。一目瞭然。	時間的な順序によって情報を処理する。一つずつの手がかりを順番に考えていく。時系列的文脈。
情報処理のイメージ	A F E D B C（関連図）	1 2 3 4 5（順次）
目的地までの理解	目的地までの行き方を、全体の地図をイメージして理解する。	目的地までの行き方を、1つ1つの目印を順番に理解する。
かけ算	かけ算全体をアレイ図（ドット）や九九表（数）で覚える。	順序よく唱えて覚える。例：しちいちがしち、しちにじゅうし、など。
読み取り（物語）	物語全体の登場人物を図式化。出来事、登場人物の気持ち、互いの関連性がわかるように図に整理して考える（人物関連図）。	登場人物の感情や出来事を場面や段落ごとに時系列で整理して、物語の展開や気持ちの流れを理解する。
学習戦略	①全体を踏まえた教え方 ②全体から部分へ ③関連性を踏まえた学習 ④視覚的な手がかり ⑤空間的・総合的な方向から	①段階的な教え方 ②部分から全体へ ③順序性を踏まえた学習 ④聴覚的・言語的な手がかり ⑤時間的・分析的な方向から

5 みんなの学び、ぼくの学び

　子どもの「できにくさ」によっては、集団での一斉的な学習に合わせていくのが難しいこともある。発達障害の子どもの学びの充実を図るためには、みんなの学び（集団学習）とぼくの学び（個の学習）の工夫をそれぞれ織り交ぜながら進めていく。

　①より多くの子が学びやすくなる工夫（ユニバーサルデザイン、協働的学習）

　②一斉の中で、この子ならではの工夫（集団の中での個別支援、個別最適な学習）

　③その子に寄り添った個別的な工夫（設定、場、時間など、個別で行う学習）

（1）より多くの子が学びやすくなる工夫（授業のユニバーサルデザイン）

①**暖気運転**　活動の始めには、得意なことやできることから始め、活動へのスイッチを入れる。できる活動から準備や学習活動への注意喚起を高めていく。

②**環境設定**　活動しやすい環境整備と準備。わかりやすいルールの確立。

③**ノイズカット**　あらかじめ学びを阻害しそうな刺激（ノイズ）を少なくする（カット）。落ち着いた環境で活動や内言思考を援助する。

④**課題設定**　今日の学習内容と既習との違いを明確にし、既習とのつながりと違いを意識する。ちょっとがんばれば届きそうな難易度の課題設定にする。

⑤**イメージ**　ことばで伝えることがあっても、子どもの頭の中で絵を描ける（イメージが浮かぶ）ように伝える。視覚的手がかり（見てわかる）を使って伝える。

⑥**シンプル**　今日の学習は、何を、何のために、どのように行うのか、シンプルに整理した内容（焦点化）を伝える。

⑦**動機**　できそう、興味ある、楽しそう、わかりたい、挑戦したいなど、子どもの学習の動機を高める。なぜ、何を、何のために学習するのかを明記、共有する。

⑧**スイッチON**　活動開始を明確にする。まず始めに行うことを意識させる。どのように行うのか、活動手順を明確にする。ルーティン的な活動を活用する。

⑨**緩急**　集中、活動しやすいリズム（活動の緩急、きっかけ）を作る。

⑩**せーの**　みんなの集中（注意喚起）を高める時には、ひと呼吸（無）の間を作る。「せーの」と息をそろえて学習できる習慣を互いに意識できるようにする。

⑪**ゴールへの見通し**　今日の学習のゴール（目標）は、何かを明記、共有。「何がゴールか」「……までに終わらせる」など、ゴールの見通しをもって活動する。

⑫**プロンプト**　もし活動の途中でわからない、できない状態になったとしても、リカバリーできるような手がかり（プロンプト）を用意しておく。

⑬**ご褒美**　ゴール達成時の報酬があると、意欲アップにつながる（ほめ、遊びなど）。

⑭**心の支え**　不安や失敗があっても大丈夫と思える関係性を作る。必要に応じてサポートできる間、やりとりを作る。助けてくれる人や方策があれば、活動できる。

⑮**リフレッシュ**　疲れた時や一生懸命に活動した後に休みの間を作り、気持ちを切り替えられるように、エネルギーを充電する。

⑯**バリエーション**　いろいろな活動内容（言語的活動、見る活動、動作、話し合い、五感を使う）を用意する。得意な活動と苦手な活動を効果的に織り交ぜる。

⑰**集団の学び**　協働的な学びの成果を個に活かしていく。自分だけではできづらいことでも、モデル、きっかけ、友だちサポートでできることもある。個の気づき、学びの成果を集団に活かしていく。個と集団の意味あるつながりを意識する。

⑱**学びがい**　子どもの活動への理解や心理的充足度（満足感、納得感）を見る。学びの楽しさはどこから生まれるのか？　子どものわかる、できた楽しさを大切にする。自分の変化、ステップ（レベル）アップを意識する。学習内容を生活に使える楽しさ。自己効力感アップ。未来（進学、仕事）につながっていく「わくわく」を作る。

⑲**ファシリテーター**　学習の生産性を高めるファシリテーター（授業者）のスキルアップを目指す。子どもの姿から求められるスキルを身につけていく。

⑳**フィードバック**　子どもの姿（反応、成長）こそが正解への近道。子どもの変化を観察、記録し、取り組みのフィードバックをする。

●より多くの子が活動しやすい指示の出し方の一例

①**注意喚起**　「さあ、今日の勉強を始めるよ、いいかな」（子どもの視線の確認）

②**わかる指示**　「教科書出して」「○○ページ開いて」（1つの指示1つの動作）

③**見える指示**　先生が教科書を開きながらモデルになる（モデル、情報の視覚化）

④**残る指示**　黒板にページ数と問題番号を書く（聞き逃しても大丈夫な手がかり）

⑤**一斉の活動**　「～を指さしてね」（一斉の活動と見守りで全員の活動状況の把握）

⑥**ほめ**　「○○ちゃん、いい姿勢だね……」（やる気アップ、モデルへの意識づけ）

⑦**動機と見通し**　「○○までにやれるかな？」（ゴールへの見通し、タイマー）

⑧**せーの**　「はい、では始めます。よーいスタート」（行動の始まりの意識づけ）

⑨**リカバリー**　「わからない時は、～してね」（あらかじめの約束、ヘルプに対応）

⑩**次の活動**　「終わったら～してね」（ゴールのサインと確認、達成感・充実感の把握）

（2）一斉の中で、この子ならではの工夫（個別最適な学習、パーソナルなコツを活かす）

　「一斉（集団）学習」における「個に応じた学習」の工夫について考える。一斉学習（集団）の中では、学習に困難さを抱えている子だとしても、もし、「1対1」（個別的）で学習を行うことができたら、どんな工夫ができるかをイメージしてみる。「一斉学習」の中に、「1対1」での学習の工夫やコツをどのように織り交ぜられるかを考える。

●**ノイズカット**　学習の妨げとなる刺激を少なくし、学習に集中しやすい環境（人、学習準備、刺激、静けさ調整）を作る（例：本棚にカーテンをし、学習中は、本を読みたくなる気持ちを誘発しないようにする。本棚にカーテンをしている時には、本を読めないというルールをより視覚的にわかりやすくする）。

●**注意喚起**　注意を促すサイン、ルーティン、リズムを決めておく。その子に合ったスタート前のアイドリング状態を作り、みんなの学習へ参加しやすくする（注目を促すサインやルーティンを作る。「せーの」を意識できるリズム作り）。

●**構造化**　やってほしい活動や求められている活動のことを直観的、視覚的にわかりやすくする。学習全体の関係性や流れが一目瞭然で感じられるようにする。

●**ジャストステップ**　ちょっとがんばればわかりそう、できそうな課題設定にする。

●**スリーステップ**　①学ぶ→②覚える→③確かめ・活用、など子どもができそうなシンプルな学習ステップにする。学習の流れを視覚化し、ルーティン化してサポートする。本来の学習の流れ「ガイド→活動→活動思考→思考の言語化・文脈整理→まとめ→類似問題→確かめ（熟成）→学習内容の証（学習内容の見える化）→記憶（マスキング）→次回に活かす（般化）」を子どもに合わせて重みづけをし、シンプルにしていく。

●**多様な学習活動**　学習活動の多様性を準備する。課題に応じて五感を使った学習活動を考える。課題解決的な思考が難しい場合には、準備された答えを選択する活動にしていく。子どもの習熟に合わせた活動内容のステップを用意する。

●**見える化**　言語だけではイメージしづらい内容を視覚化する。

●**同時に2つの以上の活動をしない**　聞く、書く、考えるなど、同時に2つ以上の活動（〜しながら〜する　マルチタスク）をしないようにする。1つの指示には1つの課題、という積み重ねで授業を進めていく。子どもの情報のキャッチの状態を見極めながら、活動内容を一つ一つ確かめていく。

●**メディア**　伝わりやすいメディア（言語、非言語、視覚的、動作的、活動しながら理解、経験・エピソード、ICTなど）で情報を伝える。情報量やスピードに気をつける。

●**わかる、見える、残る手がかり**　ガイドや活動途中の手がかりを視覚化し、残してお

き、必要に応じて見られるようにする。

●**セントラルコヒーレンス**　大事なポイントを枠、マーク、印、カラーなどで強調する。

●**シミュレーション**　活動手順のイメージ化（図、手がかり）を図る。活動を一度、頭の中でイメージしてみる。キーワードを聞きながら、頭の中でシミュレーションする。

●**インスタントサクセス**　子どもがやりやすい活動、考えやすいこと、できそうなことから始める。成功体験が次の活動、思考へチャレンジするエネルギーにつながっていく。

●**モデル**　活動の手順、やり方、注意、コツなどを実際のモデルを通して伝える。

●**特性に合った理解**　視覚的に理解、操作的に理解、記憶で理解、動きで理解、パターンで理解、手順で理解、意味文脈で理解、エピソードで理解、類似問題の繰り返しで理解など、子どもの理解の得意、不得意に合わせていく。ヒントカードの内容も子どもの理解に合わせた内容にする。

●**ちら見（リマインダー）**　例えば、ひらがな、漢字、かけ算、活動手順、公式など、記憶することで学習が進めやすい場合には、記憶の手がかりとなる資料（手がかり）を子どもの見える位置に置く。記憶があいまいになった時は、手がかりをちら見や二度見をしながら、記憶の助けにしたり、記憶を徐々に強めながら活動する。

●**マスキング**　記憶の助けとなる手がかりのポイントをマスキング（目隠し）する。一度、自分の記憶を呼び起こし確かめながら、手がかりへの頼り具合をフェードアウトしていく。マスキング用のアプリを使うこともできる（マスキング例：九九表の答えの部分を赤で書き、赤シートでマスキングする。赤シートで隠したり、見たりする。覚えている内容を確認したり、思い出したりしながら、記憶を確かなものしていく）。

●**ルーティン・パターン**　パターン化された活動（構造化された活動構成）を繰り返し行う。学習の見通しをもちやすくする。授業開始、学習準備のルーティン。整理、整頓、給食、朝の会、帰りの会、生活ルーティン。課題遂行のルーティン（始まり、ゴールのサインや集中度を高めるルーティン）。漢字学習のルーティン。新単元学習のルーティン。文章題を解くルーティン。問題解決思考のルーティン。グループダイナミズムのルーティン。子どもに合った学習スタイルを見つけ、ルーティン化していく。

●**どうしたの？**　活動が止まっている時には、すぐに注意などをしないで、まずは「どうしたの？」と声かけをし、子どもに「できにくさ」があるのかなど、子どもの状態を見極めていく。ただ、「どうしたの？」と聞かれても、自分のヘルプを上手に表現できない子もいるので、「〜は大丈夫？」など、具体的な内容を聞きながら、子どものヘルプに近づけるようにしていく。とくに、一斉に個々の活動になり始めた時には、より細

かい見守りを行う。見守ってもらえているという信頼や安心があると、がんばれる子もいる。支援の声かけをする場合は、おだやかに、近づいて、静かに（CCQ）行う。子どもによっては、自分のパーソナルスペースまで来てもらえるとスイッチが入る子もいる。ノンバーバルでの目と目のやりとりで通じ合うような関係性を大事にする。

●**タイムラグ**　子どもによっては、気持ち、理解度によって、みんなと同じタイミングで取り組めないこともある。活動によるその子なりの準備や熟成のペースやタイムラグ（時間差）を理解し、見守りとサポートのタイミングを合わせていく。

●**付箋**　今やるべきこと、手順、注意事項を忘れてしまった時、付箋にして個別のメッセージとして残す。励ましのことばや個人的目標を付箋にして伝えることで、活動のスイッチが入りやすくなる。付箋で、身近に、個別的に伝えると、必要に応じて何度も、指示の内容を見直すことができる。

●**既習、資料、ヒントコーナー**　あらかじめ、活動と思考の手がかり（既習事項、資料、ヒントなど）のコーナーを決め、子どもの必要性に合わせて、活用できるようにしておく。手がかりを活用しながら活動していくサポートをする。

●**ヘルプサイン**　活動の途中で止まってしまい、ゴールまでたどり着けないなど、困った時のヘルプサイン（挙手、ヘルプカードなど）を決めておく。

●**リカバリー**　OFF からプラスの活動（ON）に切り替えられるように、声かけ、手がかり、柔らかい修正（活動へのプロンプト、きっかけ作り）をしていく。

●**暗示的誘導**　例えば、机の上を片付けてほしい時、できていない状態のダメ出し（机を片付けないとだめですよ）ではなく、「きれいな机の人は……」と言いながら、気づきと自己修復の機会を作り、できたらほめていく。「〜できるかな……」と活動のきっかけ作りや「〜ってことは……」と活動の手がかりを気づかせ、プラスの活動へと導いていく。その後の子どもの様子をよく見て、少しでも活動を始めたら、「いいね、〜していいね」とプラスの活動の後押しをしてあげる。

●**全体の活動性アップが良い刺激**　サポーターの力がエネルギーと知恵になる。

●**テスト**　テストは、評価のために欠かせないが、個別支援の考え方では、テストを単なる評価のためだけに使うのではなく、テストの答え方（間違い方）から指導のポイント、方向性、方策を見つけていくようにする。そのためには、正解（わかっていること）も大事だが、間違い方をよく見ることで、今後への手がかりが見つけられる。子どもの間違いこそ、今後の指導の宝になる。間違い方の記録を残すことで、今後の間違いを予防していく知恵、方法を探すことができる。

●**3色の答え合わせ**　自分の力でクリアできたら、赤丸。手がかりを見ながらクリアしたら、青丸。一緒に手伝ってもらってできたら、緑丸。答え方のプロセスで答え合わせの丸の色を変えていく。丸の色が違うことで、どんなプロセスでできるようになったのか、学習の理解の履歴がわかる。大事なことは、決して×をつけない。×をつけないことがわかると、訂正が苦手な子でも、安心して活動に取り組める。

●**〜君ものさし**　学びの評価を絶対評価や相対評価だけでなく、その子なりの成長ものさしによる評価を大事にする。子どもなりのがんばりや成長をその子の成長のものさしで考えていく。その子の旬の変化（今の輝き）を大事にしていく。

●**学習内容の一枚化とカード化**　学習内容を一枚化（学習の全体を一枚にまとめ、一目瞭然にする）やカード化（個々の学習のポイントをカードにまとめる）し、何度も振り返れるようにする。

●**プリント**（第3章14参照）　学びの証・まとめをプリントにし、積み重ねていく。プリントをファイルにまとめ、学習内容を見える化していく。

●**証**（がんばりと学びの証）　一つの学びの喜びが次の学びのエネルギーになっていく。

●**1/20の成功**　最初は、20回に1回でもできることから始め、徐々にできる回数が増えていくだんだんの成長を大事にする。

●**心の杖**　がんばっていることを認めてもらえたり、すぐに活動できない場合でも、自分の気持ちを理解、共感してもらえる人がいることは、本人の力の支えになっていく。

●**アテレコ**　子どもの声なき声を含めて、子どもの状態から感じたことをアテレコ（子どもが表現したい内言をあえて言語化）してみる。子ども視点から考えることで、子どもの気持ちやタイミングに合わせて、励まし的に寄り添っていける。

●**101通り目の方策**　子どもに合った方策を考えていくために、100通りのいろいろな方策を知っていることも大事だが、もし100通りでもぴったりが見つからない時には、101通り目の新しい方策を見つけていく。子どものわかりたい、おもしろそうなど、学びのエネルギーはどこから生まれるのか。子どもの内面での思考と気持ちをその子になったかのごとくその子の視点で考えていく。その子が憑依しているように考えられた時、その子が求めているぴったりの方策に近づいていける。

（3）個の状況をみんなと比べて100か0で考えない、よりベターを目指す

　「できにくさ」を抱えている子どもの学習状況を、みんなと同じように学習できるかできないか、100（できる）か0（できない）で考えないようにする。100か0で考えてしまうと、子どもに合った小さな一歩の手立てを考えづらくなってしまう。最初は、子どもの学習スタイルを5層で整理し、とりあえずできることから始め、よりベターな学習スタイルへと積み上げていく。「だんだん」を積み上げ、育てていくという意識をもつ。

①	一人でもなんとかできる活動（本人の中で得意な分野）	本人の中で得意な分野の活動を大切にする。得意な分野からやれそうな活動を見つけていく。たとえ言語、概念、思考が苦手な場合でも、写す、選ぶなどのできる活動を見つけたり、操作系の活動を取り入れていく（立体パズル、日本地図パズル）。
②	手がかり、きっかけがあれば、できそうになる活動。	自分だけでは、自分の力を活かせないが、方向性・やり方の手がかりやきっかけを伝え、自分なりの活動をしながら、少しずつ確実性を上げていく。
③	手立て（ちょいサポ、一緒に、繰り返し活動するなど）があれば、40～90%活動できる。	誰かに言語化してもらう、説明を受ける、一度学習し内容を整理してもらう、繰り返し見直す、ルーティン的な活動スタイルなど、ちょいサポを受けながら、できることを少しずつ増やしていく。
④	苦手な分野。みんなと同じ課題は難しいが、自分に合った内容、スピードから積み上げていく。	一人ではなかなかできないが、自分に合ったレベルから進めていく。自分に合う難易度、自分なりの手応えを感じられる内容を積み上げていく。基礎的内容を理解、定着していく。
⑤	感情・行動調整のお手伝い。活動をやりづらくしていることをサポートし、だんだんとできることを積み上げる。	自分の思ったようにできないことがあると、気持ちが不安定になるので、気持ち面、活動面のサポートを受けながら、「できそう」を一つ一つ積み上げ、少しずつ「小さなできた」を目指す。

＊「発達障害のある子」を言い表すことばについて。この本では、「障害」という意味合いを少しでも柔らかくしたいという願いを込めて、「できにくさ」と表現している。今後、目の前の子どもの特性や個性を大事にした工夫を考えていく場合、救いを求めている子どもが増えている中、すぐに「発達障害」ということばに当てはめる見方だけでなく、「パーソナルな見方を必要としている子」という捉え方をしてもいいのかもしれない。

⑥ 個別学習における学びのコツ（通級指導など含む）

（1）子どもに合ったコツが学びを変える

　教室でみんなが文字を書いている時に、一緒に文字を書くことができない子がいた。文字をなぞる活動から始めようとしても、その子は難しかった。そんな時、個別の学習を行ってみた。よく見ていると、落ち着いて椅子に座っていられないため、書く動作ができづらいことがわかった。「もっと落ち着いて」とか「ちゃんと座って」とか注意しても、思うように活動できそうにない。

　そこで、子どもの手の平の横に大きめのシールを貼り、「シールが机に着くように書いてみたらどうかな……」と提案してみた。

　すると、手を机に着ける感覚がわかったのか、「ぼく、からだ、手が浮いてる」と普段の自分の状態に驚いて

いた。初めて、今までの自分の状態を意識できたようだ。そして、文字を書く時には、手を安定させて書くことが大事だとわかり始めた。落ち着いて文字を書くということをこの子なりに自覚できた瞬間だ。まさに、この子の学びのコツが見つかった。

　書く活動ができることは、この子にとって、教室での学習参加のポイントだった（核）。鉛筆の先の安定となぞり書きから始めて、文字を書けるようにスモールステップで積み上げていくようにした（際）。その時、より良い活動のやり方をイメージする（具体的なシールを意識）ことで、自分の衝動性を調整するコツがわかり始めた（コツ）。文字が書けていく自分に驚き、勉強する意欲が生まれてきた（学びがい）。

（2）「1対1の学習」での4つの視点

　「1対1の学習」の良さとは、子ども（個）の特性（得意、不得意）に合わせて、課題設定、活動内容、学習内容を調整できるので、次の4つの視点を大切にする。

❶核 ▶ 何を、何のために学習するのか。子どものヘルプとニーズに合わせて課題を考え、学習する。時には、あえて苦手を補強し、トレーニングすることを目標とする。時には、得意を活かすことから始めていく。将来のその子の成長のビジョンにつながる、今大事にすべき課題内容を考えていく。子ども自身が、学習の大切さ・必要感を感じら

98

れるような「核」を選んで学習する。今の成長のカギとなっているような課題を選んでいく。

❷際からステップアップ ▶ 子どもの今にぴったり合った課題から始める。子どもの成長の際からの学習の積み上げ。ちょっとがんばればできそうな課題。次につながる一歩手前の課題。ステップ化（ジャストステップからスモールステップ、インスタントサクセス、本人の確かさの積み上げ）。時には、行きつ戻りつの「だんだん」の成長プロセスの理解。「だんだん育っていく」という感覚や「戻りつ」の時の方策と活動を大切にする。

❸コツ ▶ 特性に合ったわかりやすさを見つける。苦手やできにくさを苦にしない学習方法（コツ）。手がかり（ヒント）の作り方、本人からの気づきを活かす間・やりとり、活動スピード、課題（手順、情報）の量、サポートの位置・距離・肩支え、本人の動機など、間違えやすい問題と対策を一覧表に整理し、つまずきの理解とその対策ができるようにしていく。あたかも自分での活動と思考を作り出すその子に合ったやり方。

❹学びがい ▶ 活動する楽しさ、活動を達成できる喜び、自分の変化・成長の確認と喜び。誰かに認めてもらえる喜び。自己効力感・自己肯定感が高まる学習。学びがいを意識できることで、学習への動機が高まっていく。「〜君ものさし」（その子の成長の変化を捉えるものさし）の見方でゴールの達成を共感しながら進む。

●自己効力感が高まる学習の工夫

・子どもの試行錯誤やがんばりを見守り、子どもの手応えを一緒に感じていく。

・気持ちとコツを感じられるように「いいね！」のフィードバックを付箋で伝える。

・たとえ最初は「くやしさ」「もどかしさ」があったとしても、プラスのエネルギーに変えていった成長の歩みを大事にする。

・小さな妙手（コツ）と成功感の積み上げから、自己効力感アップへ。

・サクセスログは、本人のエネルギーや今後のコーピングの力の土台となる。

・証の積み重ねで「次は、行けるかも……」という自分への期待が生まれる。

・少しずつできるようになっていくプロセスを視覚化、記録化することで、新しい自分の力への期待が生まれる。

7 行動を調整する力（go/no-go 課題 コーディネーション運動）

（1）体の運動調整から行動を調整する力を育てていく

　落ち着いて行動するのが苦手な子は、頭でわかっているつもりでも、つい気になる刺激に反応してしまう（衝動性）ことがある。条件に応じて行動（体の動き）を調整できる力を高めていくことは、衝動性を調整する力の土台になっていく。

　例えば、忍者遊びがある。忍者になったつもりで「抜き足、差し足、忍び足」とわざとゆっくり歩いてみる。忍者になったつもりで隠れ身の術を使う（石になったつもりで、じっと隠れている）。ゆっくり歩く、じっとするなどの苦手な動きを遊びながら楽しむことで、落ち着いて行動を調整する力が育っていく（例：普段、ことばで「落ち着いて」と言われてもじっと止まることができなかった子が、忍者の動きができるようになってきたことで、日常生活場面においても「忍者になれるかな？」と、忍者のイメージの力を借りて、じっと落ち着いて行動するコツをわかり始める）。

　「けんぱ」の遊びも、リズムに合わせて体の動きを調整する活動なので、求められる条件に合わせて体を動かす力が育ち、衝動性をコントロールしていく助けとなる。次のような練習ステップで進めていく。

輪っかを目安にして　　あらかじめイメージして

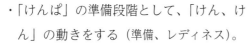

- 「けんぱ」の準備段階として、「けん、けん」の動きをする（準備、レディネス）。
- モデルを見ながら「けんぱ」をしてみる（動きのイメージを理解する）。
- モデル（できる人）と一緒に動いてみる（活動しながら、動きの感覚をつかむ）。
- 周りや自分の「けんぱ」の声に合わせて動く（外側からことばで行動調整）。
- 自分で意識しながら「けんぱ」と言って動く（自分の外言・リズムで調整）。
- 足の動きを誘導する輪っかを目印に動く（見える手がかりで調整）。
- 音楽に合わせて動く（けんぱのリズムなら、「♪ We Will Rock You」がぴったり）。
- けんぱのリズムをいろいろ変えて動く（オーソドックスパターンは「けんぱ、けんぱ、けんけんぱ。」、３３７拍子風、「けん、けん、けん、けんぱ」などの動き）。
- いろいろなリズムのパターンをすぐに口で言いながら動く（外言での即時的調整）。
- あらかじめ動きをイメージし、心の中でリズムを言いながら動く（内言での調整）。

いろいろなやり方を通して、楽しんで動きながら行動を調整する力が育っていく。

（2）いろいろな「go/no-go」課題

他にも、「go/no-go」課題やストループ課題は、衝動性のコントロールにつながっていく。

文字の色は？ みどり

文字を読まずに、色を言う。

書いてある文字は？ あお

文字を読む

- 「go/no-go」課題：条件に応じて、goとno-goの反応を使い分ける。条件と違う刺激には、あえて反応しない（no-go）。
- ストループ課題：緑色で書いた「あか」の文字。「文字の色は？」→「みどり」、「文字は？」→「あか」と指定された条件に応じる。指定された条件以外にはあえて反応しない。
- 「おちたおちた遊び」「フルーツバスケット」「後出しじゃんけん」などの遊び。
- 音楽に合わせたリズム運動、合奏（休符、スピード調整、リズム）。
- 太鼓（太鼓を覚える時は「口伝」と言って、ことばでリズムを覚えて調整）。
- トランプの「７５３」遊び。指定されたカードが出たら、トランプを素早くタッチ。指定以外のカードには、反応しない。ミスタッチすると、カードが増えていく。
- 「ねこ・ねずみ」ゲーム→①互いに、ねこ役・ねずみ役になる。②「ねこ」と言われたら、ねこ役がねずみ役をつかまえる。③「ねずみ」と言われたら、ねずみ役がねこ役をつかまえる。④「ねぎ」と言われたら、どちらの条件でもないので、反応しない。遊びながら、条件に応じたgo反応やno-go反応をするトレーニングになる。
- いろいろな動きづくりの運動（go/no-goの切り替えの動き、バランスボールを使った動きづくりの遊び、なわとび、コーディネーション能力と言われる動きなど）。

体の動きを調整する力を高めて、衝動性をコントロールする力へとつなげていく。

8 書く力、聞く力、読む力（アカデミックスキル）

（1）書く力、聞く力、読む力は、学習の基礎的スキル

　思考しながら書くのが苦手なため、書いている途中で活動が止まってしまう子がいた。その時、先生がその子のそばに寄り添い、途中までその子が書いていたノートを小さい声で読んであげた。自分の書いた文を読んでもらい、内容を外言化してもらったことで、読みながら思考するのが苦手だったこの子にとって、自分が書こうとした内容をあらためて考え直すことができた。先生のちょいサポのおかげで書き続けることができた。子どもの「できにくさ」に合ったちょいサポによって、子どもの苦手な活動がポジティブな方向に切り替わった。いい瞬間だった。

　書くこと、聞くこと、読むことは、文字を軸とした思考的な活動になる。
・書くことは、思考を書きことば（文字化）にする活動（視覚弁別、運動、思考）。
・聞くことは、ことば（音）を聴覚情報処理しながら思考する活動（聴覚弁別、思考）。
・読むことは、文字（形）をことば（音）に変換し、思考する活動（視覚弁別、思考）。

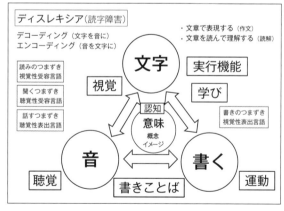

　書くこと、聞くこと、読むことは、それぞれが深く影響し合っている。
多くの場合、思考が伴っているため、思考しながら活動するのが苦手だと活動が止まってしまう。思考しながら、書くこと、読むこと、聞くことを同時にできない時は、それぞれを単独の活動に分け、一つの活動に集中できるようにする。最初に、読み方を聞い

てから読む、あらかじめ内容を理解してから読む、手がかり
を見ながら聞くなど、工夫する。

　書くこと、聞くこと、読むことは、学びの土台となるスキ
ル（アカデミックスキル）である。書くこと、聞くこと、読む
ことに苦手さがある場合には、まずは、それらの活動をサポー
トしてあげ、学びへの参加のしづらさを少なくしていく。

（2）書くこと、聞くこと、読むことに苦手さをもっている子への工夫

　書くこと、聞くこと、読むことに苦手さをもっている子には、苦手な活動をやりやす
くする工夫をしながら、子どものスキルアップに向けたトレーニングを目指していく。
①書きやすく、聞きやすく、読みやすくするなど、**活動をしやすくする工夫**
②活動をちょいサポしながら、少しずつトレーニング的にスキルを**育てていく取り組み**

●書きやすくする工夫→枠やマス目（場所の明確化）に書く。／黒板と同じミニ黒板や
資料を手元に置く。／キーワードや内容を選択し、書く量を配慮する。／学習の流れに
書くルーティンを入れる。／できにくさの原因に応じたサポートを工夫する（105ペー
ジ表参照）。

●書く力を育てる→なぞり書き（ライトグレーのペンで書いたところをなぞり書きする）
写し書き（視写）。／文字、漢字表などをちら見して書く。／一度音声（自分で読む、読
んでもらう）にしてから書く。／キーワードだけを書く。／メモ、カード、下書き、資
料を見ながら書く。／内容を理解、記憶してから書く。／フォーマットを手がかりに書く。

・書く力のステップアップ　なぞり書き→写し→キーワード→モデル文→キーワードを
手がかりに文を考えて書く→短文を考えながら書く→順序を追って整理して書く→論理
フォーマットを見ながら書く→内容の関係性を整理しながら書く→自分の考えを書く。

・書く力トレーニング　さし絵や絵本の文字化。ストーリーカードを見ながら文字化。
4コマまんがのセリフを考えて書く。つなぎことばや文脈を考えて文字化。

・作文の工夫　書きたい気持ちを考える。いくつかの例（モデル）を参考に考える。何
を書きたいか考えて（選んで）書く。自分に合った5W1H枠を参考にして書く（いつ、
どこで、だれと、どんなこと、なぜ、どのように）。事実と考えを分け、文脈的につなげて
書く。あらかじめ話し合ってから書く。あらかじめ考えたメモを見ながら書く。写真を
見ながら書く。論理展開フォーマット（はじめ・なか・おわりの段落枠、つなぎことばカー
ド、ウェビングマップなど）をヒントに書く。内容の要約メモを見ながら書く。

＊書く力は、衝動性のコントロールへの波及効果が期待できる。書きことばは、「二次的ことば」（岡本夏木）と言われるように、書く時には、頭の中で思考を内言化していく。あらかじめ思考を文字に書くことは、目の前のことに反射的に反応（衝動性）するのとは違い、条件をじっくり思考していくことになる。書くことによって、内言思考、論理性、計画性、他者意識を伸ばすことができ、衝動性のコントロールにつながっていく。

●**聞きやすくする工夫**→キーワードを繰り返し、聞きやすくする。／わかりやすい手がかり、見える手がかり、残る手がかり、記号化、資料などを見ながら聞く。／言語だけに頼らない環境を作っていく。／字幕（書いてもらいながら聞く。ことばを即時的に文字化できるアプリ）を読みながら聞く。／情報を言葉だけで次々と提示しないようにする(言語での継次処理が苦手な子や聴覚情報処理障害の子にとっては欠かせない配慮)。

●**聞く力を育てる**→整理（構造化）されたヒントやメモを見ながら聞く。／箇条書き、資料、イメージを見ながら聞く。／大事なこと３つを意識して聞く。／黙読しながら聞く。

・**聞く力トレーニング**　スリーヒントゲーム。聞きながら間違い探し、要約、メモ。聞いた指示通りに迷路を進む。復唱（I copy）のステップアップ。算数の文章題を聞いて考える。物語や説明文を聞いて考える。情報量・内容・聞きながらの思考のレベルアップ。

＊聞く力は、静止する、選択的注意（脳内でノイズキャンセリングしながら、目的の情報に集中する）、ことばの理解、ワーキングメモリー、内言による思考、話し手のリズムに合わせる、などのいろいろな力の成長が関わってくる。

●**読みやすくする工夫**→一緒に読む。／読めるところだけを読む。／最初は聞き、記憶を助けとしながら読む。文字を大きくする（拡大コピー、大きい画面）。／指さししてもらって読む。／自分で文字を指さししながら読む。声に出せなくても文字を指さしすることで読みに参加する。／漢字にルビをつける。／ことばのまとまりを捉えやすくする。／読む箇所をクローズアップ（カラーバールーペ、文字に定規を当てる、文を見えやすくするスリットを使う）して読む。／読み上げアプリなどで読んでいる箇所をハイライトしながら読む。／読むポイントをマーク、マスキングする。／文字を見失っても読んでいる場所がリアルタイムでリカバリーできるようにする（読む場所に目印や番号をつける）。

●**読む力を育てる**→記憶を手がかりに読む（直前に読んでもらったことを記憶しながら、文字と内容をイメージしながら読む）／字幕読み(リアルタイムに内容と文字が一緒になって、内容をイメージしながら読む)／デジタル教科書で読む（読みに合わせて文字の色がリアルタイムに変わる）。カラオケ読み（文字がスピードに合わせて見える）。／集団の音読を活かす（一斉読み、追い読み、グループ読み、○読み、役割読みなど）。

・**読む力トレーニング**　ことば作り遊び（与えられた文字列の中から単語を見つけて読む）。指定されたカード（単語、撥音ありなし、読み間違いを起こしやすい単語や文、慣用句、ことわざ、文章の長さでレベルアップ）を読み、同じ内容を見つけて読む。カルタ遊び（いろいろな種類のカルタの読み手になる）。音読（文章の量、内容、スピード、繰り返し読む、または初めて読むなど、実態に合わせてレベルアップしていく）。

●**活動カード**→今、何を活動しているのか、今の活動に集中できるように、現在進行している活動内容をカードで示す（書く・聞く・読む・考えるなどのカードを立てる）。

板書を書くのが苦手な子へのサポート

できにくさ	子どもの様子	サポートの手立て
ワーキングメモリー	書こうとしても、覚えられない、忘れてしまう。	手元に見本を置く（コピー、プリントなど）。見本とノートを同じ形式にする。
スイッチON	書くことに抵抗があり、書き始めのスイッチが入らない。	どこを書くのか、いつから書くのか、書き始めを一緒に。グレーペン補助。
スピード	書くスピードが間に合わず、どこを書いているか見失う。	書く場所を印、番号、色で示す。確認を手伝う。書くスピードに合わせる。
理解	書いている内容がわからないので、どう書いていいかわからない。	あらかじめのガイド。構造的な板書。内容を読み、説明を聞き、内容理解をサポートし、内容に合った枠に書く。
注意	書いている途中、どこを、何を書いているのかわからない。	書く量の配慮。ポイントやキーワード。残る手がかり（ゴール）。
選択集中	書いているうちに、ボーっとする、他に気をとられる。	スイッチの入れ直し。耳打ちのことばかけ。ノイズカット。
注意集中、フィードバック	書いてはいるが、誤字・脱字が多くなる。	書いていることを認め、読み上げてあげる。さりげなくフォローし気づきへ。
所作	ノートがごちゃごちゃになってしまい、書けなくなる。「ていねい」が苦手　いっぱい書くのが苦手	枠、書く場所、書き方の指示。一項目ごとに書いていく。枠、マス目の活用。囲み内を書くなど、できそうな量からスモールステップ。
メディア	文字の情報だとごちゃごちゃになってしまう。	文字だけでなく、図など視覚的な手がかり。キーワード。枠組みで明確。
書く活動	板書の文字や形そのものを書く活動（運動）ができない。	プリントを貼る。ラインマーカーで印をつける。読む活動で参加。
文字学習	板書の文字そのものを書くことができない。	苦手漢字の練習。ひらがなとの併用。グレーペンでなぞり書きの補助。
意欲	どうせ書いても注意されるから、書きたくない。	書いたことやがんばりを認める。気持ちへの応援的支え。次に活かす提案。
動機	どうして書かなくてはならないのかわからない。	書いたことを活用。書いた証を認め合う。書いた証の大切さを実感。

9 されど漢字、漢字学習のコツ

漢字学習は、字形の弁別、音韻、意味理解、実行機能としての書く力（書き順、ていねいさ）、習得までの反復学習（記憶、集中、学習スタイルの確立）など、総合的な学習活動のため子どもに合った学習スタイルやステップアップが求められる。

（1）オーソドックスな学習プロセスのシステム化

漢字学習には、複合的な力が求められる。

●形・視覚認知（例：水と木の弁別）。

●漢字→読み、読み→漢字の変換。

●字形を書く。書き順（手順理解）。

●漢字の意味理解

●いろいろな使い方（汎用性）

●習得までの学習スタイルの確立

学習プロセスのシステム化（学習の見通し）

複合的な力の育ちが求められる漢字学習では、学習プロセスをシステム化していく。

①漢字の読み方を学習する。読むことは学習の基本。漢字の意味や読み方を学ぶ。

②漢字の意味、使われ方の学習。今、学習している教材や生活の中で確認する。

③目で見て視覚的な記憶→みんなと一緒に空書き→自分で空書き→指でなぞり書き
　　→鉛筆でなぞり書き→見本を見て書く→記憶で書く→反復学習

④辞書を引く。辞書で、漢字について（漢字の成り立ちや意味）調べる。

　　読み方、意味、その漢字が使われる言葉、部首、画数、書き順などを調べる。

　　低学年は、『漢字絵じてん』を使って調べる。辞書の内容が記憶の拠り所になる。

⑤漢字学習一覧表（学年、今週、単元など）でチェックし、時々、振り返る。

（2）漢字学習が苦手な子の学習方法

・部首（へんやつくり）に注目して覚える。例：「強」を「弓、ム、虫」の３手順で覚える。
　手順数を少なくすることで、覚えやすくする。

・へんやつくりなど、子どもが捉えやすい３～４分割のパーツをカードにする。分割カードを組み合わせて漢字を作る（見本と見比べ、ちら見、記憶、クイズ風など）。

・いくつかの漢字の中から、同じ漢字や違う漢字を見つける。

・漢字カードで神経衰弱ゲームをする（漢字の形の視覚的な弁別）。

・漢字の最後の一画から書いていく。覚えてきたら、書き足す画数を増やしていく。最後から一画ずつ書き足すと、自分の力で漢字を完成させる達成感を感じやすい。

・カラーモールで立体漢字を作る。見本を見ながらカラーモールを組み合わせて作る。

・何度も書かずに、見た文字をその場で覚えて一度だけすぐに書き、違いを見比べる。

・見本や一覧表をちら見しながら書く。置く場所と見方によって記憶のやり方が変わる。

・離れた場所にある漢字カードから同じ漢字を選ぶ（超短期記憶）。

・覚えた漢字をマスキング学習する（赤シートでマスキング）。

・部分的に間違いのある漢字や抜けている箇所を見つけて修正する。漢字の間違い探しができると、自分の漢字を修正する力にもなっていく。

・覚えたその日に何度も確認する。翌日、覚えているかどうかを確認する。

・１週間ごとに覚えている漢字を確認する（覚えたい漢字一覧表でチェックする）。

・覚えた漢字を一枚カードにする。苦手な漢字のカードを何度も見て確認する。

・子どもに合った学習プロセスのシステム化を図る（学習を週間でルーティン化する）。

・「なぞなぞ漢字カルタ」、漢字なぞなぞと漢字のカルタ（マッチング）。

・漢字をジャンルごとに覚える。例：「曜日の仲間」日月火水木金土など。「季節の仲間」「方角の仲間」「色の仲間」、仲間に分けるとイメージしやすくなる。「時間割に使う漢字」「行事で使う漢字」「生活で使う漢字」など、よく使用する漢字を覚える。

・認知特性に合った学び（勉強方法）を見つける。例：同時処理が得意な子は、意味や全体から覚えていく。継次処理が得意な子は、空書きや書き順の唱えで覚えていく。

（3）タブレット・アプリ（ICT）を使った学習方法

・音声を文字にするアプリ。音声「うみ」→文字「海」の変換表示で確かめる。

・漢字を辞典風にまとめたアプリ。漢字の意味や読み方をイメージできる。

・書き順をアニメーションで示してくれるアプリ。書き順を何度も見て覚える。

・覚えようとする漢字を抽出し問題にするアプリ。弱点補強の繰り返し学習ができる。

・マスキングできるアプリ。自分の記憶を何度も繰り返し確かめる。

・タブレットタイプのドリルアプリ。間違いを即時的に自動判定してくれる。

・美文字アプリ。より正しく、美しい文字に挑戦できる。細かい直し方を示してくれる。

・タブレット・アプリ（ICT）学習では、たとえ間違えたとしても誰の目も気にせずに自分ペースで繰り返し学習できる。学習の記録が残り、得意、不得意を把握しやすい。

☆漢字学習アラカルト

意味ガイド→書き順ガイド→空書き→指書き→書き順アプリ→一覧表

●モールで漢字を作る。
　少ないピースを組み合わせる。
　へんとつくりカードで作る。

間違い探し

へん と つくり

●離れた場所から
　同じ漢字カードを選ぶ。

なぞなぞ漢字カルタ

10 気持ちがわかってくる、文脈の読み取り

（1）状況の理解、気持ち、行動の訳（背景）を理解するコツ

　物語文に書かれた「楽しい」場面の状況読み取りを考えるようになって、初めて「楽しい」ということばの意味（感情をことばとして意識する）に気づき始めた子がいた。登場人物の気持ちを考える学習は、他者の気持ちの理解につながっていく。発達障害のある子どもの特性の1つに、「相手視点、他者の思いを考えるのが苦手、場の空気を読むのが苦手」なことが挙げられる。この「心の理論」（他者の視点から、情報、気持ちを感じ取る）の「できにくさ」のため、文脈の読み取りの学習は苦手になりやすい。だからこそ、文脈の意図を読み解いていく学習は、「心の理論」を学べる機会となり、思考やコミュニケーションを広げる核と言ってもいい重要な課題になる。

・物語の理解には、場面の様子を捉えること（同時的な理解）。場面のつながり（継次的な理解）を考えること。2つの理解のやり方がある。子どもによって、得意、不得意の偏りがあるので、子どもの理解に合わせながら学習していく。

・場面ごとに絵カードや文章カードを作成。カードでストーリーをつなげる。

・登場人物の特徴がわかることばや表現を見つけ、登場人物の行動、ことばを場面ごとに整理する。時には、状況・人物の関係・ことばを絵（視覚化）で表す。

・登場人物の言動や様子を描いた部分を選び出し、気持ちの流れを推測してみる。

・場面、情景のシーンのイメージと人柄の関係性を整理してみる。

・登場人物の言動を整理し、その訳（背景、周りとの関係性）を考える。

・文脈を視覚化する。キーワードだけで全体の構造を整理し、捉えやすくする。

・動作化、劇化、紙芝居、絵本、一枚絵と文章。5W1Hフォーマットで整理する。

・気持ちの表現が文字化されている場合（うれしいなどの表記がある）と文字化されていない場合では、読み取り方が変わる。文字化されていない部分をあえて文字化しながら、文字化されていない表現を考えていく。

・いろいろな人のIメッセージ、考えを聞くことで、他者視点の気づきにしていく。

・自分が体験したイベント（体育などのゲーム動画など）の写真や動画を使って、その様子を言語化、文字化しながら、いろいろな視点を学んでいく。

・棒人間を使って、シーンの再現や内言の思いをあえて外言化しながら考える。棒人間に台詞を入れ、その役になりきって読むことで、登場人物の気持ちを考える。

・気持ちを表現したいくつかの選択肢（言語、表情絵など）から選ぶ。

・1枚のプリントに、人物相関図やストーリー展開（時系列）をまとめる。

・初めて読んだ時にはわからない問題でも、何度か学習し、だんだんわかっていくことを大事にする。だんだんとわかる過程での自分なりの気づきの過程を大切にする。

　ある時、教科書の物語読みを苦手な子が、「小説が好き」と答えた。好きだと言ってくれた作品をよく聞いてみると、アニメや映画になっている作品が多かった。一度イメージ化されている事象を文字の世界で学ぶやり方であれば、わかりやすく興味を感じやすくなることを子どもから教えてもらった。子どもの好きなキャラクターの力を借りて、その話題、話の流れ、気持ちを一緒にお話ししたり、考え合う。物語の読みができるようになると、将来、小説を読む力にもなり、状況理解、いろいろな視点、感情理解の土台となっていくので、育てていきたい課題である。

物語の展開（時系列）の継次的な理解と情景理解・心情理解の同時的な理解

	読み取りポイント	代表作	学習のコツ
1・2年	場面（まわりの様子）と登場人物の言動を順序よく整理する。	大きなかぶ スイミー	シーンごとのカード化、時系列と人物の思い。
3・4年	場面ごとの性格や気持ちの移り変わりを整理する。	もちもちの木 ごんぎつね	シーンのつながりや変化を意識する。
5・6年	人物の関係や心情、場面の描かれ方。情景と心情の関係。	大造じいさんとガン	人物のそれぞれの立場からの見え方の相違。
中学生	情景や行動から人物の心情や特徴をより客観的に捉える。	走れメロス	人物の特徴を踏まえて思いの流れを理解する。

（2）説明文の読み取りは、情報キャッチの力につながっていく

・文（情報）を全体構成から捉える（はじめ、なか、おわりの表にする）。

・論理の展開や思考のつなぎことばに着目する。

・筆者の意図や論理の展開を捉える。例：筆者の「事実と考え」を読み取る。論理の妥当性をどうやって説明しているのか（資料と論理）。図式化して整理する。

・自分だけでは読み取れない時には、答えを選択式にする、キーワードを見つける、筆者の一番伝えたいことを見つける、訳（論拠）の箇所を見つける、内容を誰かに伝えるようにまとめる、などを繰り返し行いながら、徐々に読み取りの力を育てていく。

11 計算（繰り上がり、繰り下がり、小数のわり算）

（1）繰り上がりや繰り下がり計算の難しさと手立て

　１年生の繰り上がりや繰り下がりの計算、小数のわり算でつまずく子が多いのは、なぜだろうか？　そこにある「学びのバリア」とはなんだろう？　その対策の手立ては？

　どちらの計算も、それまでの子どもが体験してきた情報処理より手順の数が増えている。繰り上がり、繰り下がりは、10の補数を考えながら３手順処理の学習内容になっている。また、小数のわり算は、頭の中でかけ算（わり算）の計算だけでなく、商の見立て、見立て違いによるやり直しなど、手順の多さだけでなく、見立てや修正の力が求められる。課題に潜む「学びのバリア」を意識した手立て（対策）を考えてみよう。

・**スモールステップ**　９＋２＝の問題と６＋７＝の問題は、同じ繰り上がりの計算に見えるが、子どもによっては難しさが違うことがある。前者は、10の補数を「１」動かす。後者は、「４」動かす。移動する数量の違いによって、子どもがイメージできる量に難しさができる。繰り下がりでは、引く数の大きさで難しさが違ってくるので、「－１」から始めた方が、直観的にわかりやすい。補数の少ない数や直観的にイメージしやすい、わかりやすい計算から始め、だんだんと10の補数の移動の意味（繰り上がり、繰り下がりの意味や手順）を理解していく。

・**手順のガイド**　さくらんぼ計算の手順を具体物や手順の枠に数字を入れることで計算する。難しい場合は、子どもと一緒に活動しながら、手順のイメージを作る。

・**操作**　10の固まりを確認できる枠に具体物を入れながら、10の束を意識した手順と理解をサポートする。自分で操作して理解する。

・**手順を繰り返し見て、言語化**　手順のイメージ（図、活動の動画、見本の動き、手順表）を繰り返し見る。自分が活動していると、活動に気を取られ過ぎてしまい、理解できない子もいるので、モデルを繰り返し見ながら言語化し、理解の土台を作っていく。手順をフォローするキーワードカードを用意する。

・**手がかりのちら見**　10の補数を計算するのが苦手な子には、10の補数表（子どもには、10の友だちとネーミング）を見えやすい場所に置く。わからない時は、手がかりをちら見しながら計算する。

・**カード化**　＋１～＋９までの一枚ずつのカード（－９～－１のカード）や一覧カードを使って、数のイメージを理解したり、記憶していく。

・**パターン** 9＋○は、補数1動かす（子どもには、1わたすの表現で）、8＋○は、2動かすなど、パターン的に数の処理をイメージする。「9＋○と8＋○」を一緒に計算しても、動かす数（子どもには10の補数を、「10の友だち」と表現）の違いを考えられるようにしていく。さらに「7＋○、6＋○」とスモールステップにしていく。

・**まとめ** 繰り上げ、繰り下げ計算の全体表を見て、感覚として理解（同時処理）する。

（2）わり算の難しさと手立て

ポイント	できにくさ	学びのバリア	手立て
手順	プランニング	手順の見通し 計算を行っている途中でも手順を見通して計算できる。	基本問題の手順パターン（モデル）を提示する。計算をしている手順や意味がわかるように手順や数字をカラー化する。場合によっては、数字を書く枠をカラー化する。
注意集中	衝動性	手順に沿って最後まで集中して取り組む。	計算手順をアルゴリズム化する。手順表を手元に置く。
意図	理解 衝動性	問題文の読み取り。 早とちり。	既習の確認（ガイド）。 ヒントカード。単元の一枚化。
計算	ワーキングメモリー	九九の暗算をしながら、手順を実行する。 見立ての修正。	暗算の練習。余白の利用。計算メモ用紙の準備。商の見立ての支え（九九表のちら見、マスキング）。
空間	空間認知	桁を揃える。 限られた空間に書く。	モデルの提示。位をていねいに書けるようなマス目。
所作	衝動性	桁を揃えて書く。 小数点を正確に書く。	数字を書く枠の大きさ。 小数点の枠のカラー化。
気持ち	感情の自己調整	ちょっと難しい課題にも向かっていく。	類似問題に挑戦し、自信を深める。本人の理解度、難易度に合わせたスモールステップ。
見直し	手順の内面化	計算手順の振り返り。	アルゴリズムでチェック。 次回に気をつけることを確認。

※小数計算のアルゴリズム「例：1小数点（移動）、2見立て、3かける、4ひく、5おろす、6確認（小数点の位置の確認、余りのある場合、がい数で求める場合、要注意）」

・ガイド、モデル、具体物でイメージ、手順の見える化（枠、数字、カラー）、自分で発見など、子どもが理解できる方策を見つけながら、問題解法をサポートしていく。

算数　文章題理解への方策

　算数の文章題には、条件設定（文章⇔具体的事象⇔算数的処理）に基づく、文脈の算数的理解と解法手順が求められる。授業では、問題解決的な学習スタイルで進められることが多く、既習（今までの積み重ね）の理解の上に、新しい情報キャッチ、問題解決の思考、学んだ内容の応用（般化）が求められる。しかし、最初から論理的に考えることや問題解決的な思考が難しい場合は、子どもに合った理解の方策を考えていく。

バリア	できにくさ	手立て
条件設定	新しい情報の読み取り	事象を直観的に理解しやすいシンプルな設定にする。 わかりやすい数の問題設定にし、事象をわかりやすくする。 設定を類型化し、パターン的に事象を理解する。 新しい状況設定を視覚化（情景図、場面図、線分図、構造図、面積図、ベン図など、図的な表現）する。既習、体験の活用。 設定条件のポイントや文脈をわかりやすくカラー化する。 事象の読み取り手順のルーティン化。
論理概念	算数的思考概念理解	既習や直前の問題との比較（似ていること、違うこと）。 基礎的な問題を繰り返し取り組むことで、事象の算数的な文脈や論理を理解していく。基本問題のモデルを提示する。 ヒントカード（既習活用コーナー）をちら見しながら思考。 合いの手的なやりとりから論理的思考の理解を導く。
問題解決算数処理	解法の手順の理解	問題種類ごとにカード化（問題解法のコツを明示）。 類似問題（同じ設定の問題で数字だけを変えた問題。わかりやすい数字にして問題の文脈を捉えやすくする）を通じて、パターン化された解法の手順処理を繰り返し、算数的思考や解法の手順を少しずつ理解していく。 立式に合わせて、事象、文字、意味（算数的意味と処理）をまとめた対応表を作る。対応表を見ながら式化する。対応表をヒントにしながら、類似問題を行う。 算数の系統性に基づいて、理解できる問題から積み上げていく。 算数は答えが明白なので、ゴールの達成感を得やすくする。 達成感を感じられるようなスモールステップにする。
応用（般化）	柔軟な思考条件へ適応	単元全体の一枚化や解決手順カードを見ながらの思考。 式化をイメージしやすいシンプルな手順理解からの思考。 具体的な生活体験を手助けに理解へと導く。

13 図形・作図 （実行機能が求められる学習課題）

作図の学習では、ゴール（完成図）に向かっての実行機能の力（目的に向かっての課題遂行）を育てていく。

- **手順の理解**　手順のガイドを聞く。作図手順のアニメーションを見る。作図手順をイメージする。モデルを見る。手順一覧（活動の流れを視覚的に理解）を見る。手順をキーワード（言語化、アルゴリズム）にまとめ、記憶する。手順のキーワードを聞きながら、頭の中でシミュレーションする。「1○○ 2□□ 3△△」など、手順に番号をつけて記憶。「とりあえず～して、次に～して、そして……」と具体的操作を頭の中で確認していく。手順表をちら見しながら活動する。最初は、手順表をちら見し、徐々に見ないで描けることを目指す。次の手順が想起できるような声かけをする。活動後に手順を想起する。キーワードカードを見ながら、シミュレーションする。手順カードの並び替えを行い、手順の確認をする。垂直、平行などの既習の事項を使って作図する場合には、既習コーナーに掲示する。

- **道具の操作**　・三角定規の使い方、三角定規の合わせ方のモデルを見る。合わせる向きや場所がわかりづらい時には、合わせる場所を同じ色にして道具の使い方を視覚化する。定規に合わせた線引き、目と手の協応。　・分度器の使い方、中心と線の合わせ、目盛りの読み取り、向き・合わせ方、1°の書き方（小さい丸の意識、なぞり、枠）。

- **ちょいサポ**　自分だけで描くのが難しい場合には、完成図のなぞり書き、モデルを見ながらの空書き、キーワードを聞きながらの空書き、自分で空書きをするなどのステップで進める。実際に書かずにストローや短い棒などを使って、作図の手順だけをイメージする。作図の目安となる方眼紙を利用する。作図のポイントに印（点）や番号をつける。いくつかの手順の選択肢から該当する手順を選択する。スピードや正確さよりもとりあえず手順を覚える。手順を覚えてきたら、正確さやスピードのレベルアップを目指す。

114

14 わかりやすい、役立つプリント学習に向けて

　プリント学習は、学習の成果をまとめ、学習の積み上げを意識できる活動になるが、プリントの作り方、やり方によっては、子どもにとって「バリア」になりやすい危うさもある。子どもにとって重要で意味のあるプリントだけに、作り方や活動のやり方に気をつける。

・プリントの難易度は、子どものジャストステップから始める。学習内容の深さ、記述量、記述の方式（自由記述、フォーマットのあるなし、記述の選択のあるなし、モデルのあるなし、文章記述、キーワード記述など）によって、難易度が変わってくる。

・見やすい、わかりやすい、書きやすいプリントにする。シンボル的なイメージ（画像）が入っているとわかりやすい。画像があることで、プリントの内容を想起しやすくなる。子どもが見やすい字体、サイズ、余白、色に気をつける。記述欄を工夫する。

・思考を文字化するのが難しい場合には、最初にことばでやりとりをする。その上で、キーワード、文脈のポイント、本人のチャームポイント（例：子どものつぶやきをフィードバックする。子どもの思考を外言化する）などをメモする。言ったことばや話し合いのメモなどを参考に記述していく。

・文字の大きさや余白の幅の違うプリントを数種類準備し、書きやすいものを選ぶ。

・書き込む部分を広く取り、子どもが書き込みやすくする。どこに、何を書くのか、解答欄がはっきりわかるようにする。

・枠のみの空欄ではなく、子どもの実態に応じたマス目や罫線のある記述欄にする。

・子どもが記述しやすいように、プリントの課題数を調整する。プリントの課題数（量）や書き込みの量は、子どもの状態に合わせる。

・最初から問題解決的に取り組むのが難しい場合は、手がかりをなぞり書き、見本を写す、見本のちら見・二度見しながら書く、キーワードの空欄埋め（空欄の枠が思考の誘導につながる）など、できそうな活動からスイッチ ON にしていく。

・習熟を図る場合は、やさしい内容から難しいものまで数種類のステップを用意する。

・ヒント入りや先生からのメッセージを付け、プリントを気軽に楽しめるようにする。ヒントは、時には、選択肢の中から選べるようにするレベルから思考の誘導まで、子どもの思考の実態に合わせて作成する。時には、ヒントとなる既習事項をわかりやすく掲載し（〜を使って考えてみよう）、学習の流れや積み上げを意識化させる。

・時には、子どものやる気をくすぐるメッセージを付箋にして貼る。

・思考での取り組みが難しい場合でも、学習のまとめ、復習のための手がかり、見直し教材（まとめ、復習）としてプリントを活用していく。学習内容の積み上げと振り返りの拠り所にしていく。学習のポイントをマスキングし、思い出しながら、記憶から思考へと発展させていく。復習的な活用を何度も行うことで、だんだん理解へとつなげていく。時には、同じプリントを何度も見直し、何度も書いて、反復学習する。

・マス目や罫線のある下書き用のメモ用紙をいつでも用意する。

・一人で思考するのが難しい時は、思考のつなぎや内言（頭の中の思考のことば）を合いの手的なことばかけでサポートする。「あたかも自分で」の活動と思考を作り出すようなやりとりで進める。

・記憶が苦手な場合、記憶しやすいように、内容をシンプル化、視覚化する。

・思考の言語化、学習のまとめのトレーニングとしてプリントを活用する。まとめ・整理、理解、記憶、応用など、目的に応じてプリントを活用する。キーワード→マスキング→ちら見→論理文脈→思考など、学習プロセスの助けとする。

・自分で考えが思いつかない場合には、友だちの記述を回し読みする機会を作り、友だちのプリントが思考の広がり、記述のヒントになっていく。モデルとなるようなプリントを見て、書き方のイメージを作る。友だちの大事な気づきは、先生が整理し、思考の手がかりとする。学習におけるいろいろな「気づき」の大切さを意識させる。

・プリントの内容を読み上げる、書き出しのことばを書くなど、ちょいサポをする。

・記述のフォーマットを決め、学習スタイルのルーティン化を図る。タイトル、手がかり、ポイント、訳、振り返りなど、何度も取り組む中でできることを増やしていく。

・子どものがんばり、変化をフィードバック（評価）する。時には、フィードバック用のシールを用意する。子どもの課題達成感を満足させる。時に、そのシールがゴールの目印になることもある。

・役立つプリント：授業の前半に、「昨日のプリント（ノート）を見てみよう」など、作成してきたプリントの活用場面を作り、学習の証と積み上げを実感できるようにする。学習したプリントは、今後の学習に活用しやすいように整理する。整理の方法を視覚化、ルーティン化し、整理を支援する。後で利用しやすいように工夫する（作成日、タイトル、プリントナンバー、要点の欄の統一などフォーマット化）。

・プリント提出に向けた支援（提出までの工程作り、提出のリマインダーの作成、提出物のチェックコーナーの設置、課題を付箋にして貼り、できたらはがす）を考える。

15 苦手分野の学びを充実させるコツ

　小学３年生の国語に、『海をかっとばせ』という教材がある。この題材の学習のまとめに、「（一日の出来事の様子を）主人公になったつもりで日記を書いてみよう」という課題がある。続いて、主人公の相手をしてくれた「（海になったつもりで）海の日記を書いてみよう」という課題もある。物語の読み取りの学習方策として、登場人物のそれぞれの視点から出来事を時系列的にまとめ、ぞれぞれの登場人物の視点や気持ちを考えていく課題である。この課題の思考は、他者視点の学習にもなっている。

　このように、教科学習の学びが充実していくと、学習の中に発達障害の「できにくさ」の克服につながっていくようなトレーニング的要素を盛り込んでいくことが期待できる。

　例１：意図、文脈の理解、読み取り学習が、他者理解につながっていく。

　例２：数の四則計算の学習が、手順・プランニングのトレーニングになっていく。

　例３：書く力（内言）の育ちが、衝動性（go/no-go）コントロールにつながっていく。

　例４：実技の学習が、実行機能のトレーニングとなり、片付けの力にも影響する。

　教科学習の中に、発達障害の「できにくさ」自体を変えるトレーニング的要素を盛り込んでいくことは大きな期待だが、子どもによっては難しい課題にもなっていく。苦手分野の学びには、いくつかのコツが求められる。

●**核**　課題設定（核）においては、子どもの必要性（ヘルプとニーズ）から考える視点と、外側からの要求や将来を見据えた状況（キャリア教育的観点）から考える視点、この２つの視点を大事にしていく（例：他者視点の学習、気持ちを考える学習は、今の行動にとっても必要、将来の生きる力のためにも大事な課題になる）。子ども自身が学びの手応えを感じられるようにしていくためには、子ども自身が「何を、何のために、どのように」学んでいけばよいのかがわかってくると、ますます学びの効果が高まっていく。この時、自分の「できにくさ」の克服につながるような目的性を課題設定の中に盛り込んでいけるとより効果的になる。

●**際**　最初は難しい課題でも、だんだんと力が育っていく感覚を大事にする。子どもの中の確かさがステップアップしていくようにする。子どもの際(Now)からのボトムアップを大事にする。子どものスモールステップによる成功体験、達成していく喜び、自己効力感の向上を大事にする。その際、課題クリアした内容や学習戦略の積み上げを振り

返りできるようにする。自分の中の確かさ（自分の手応え）の広がりが子どものエネルギーを生み出し、近未来の自分への期待感を作り出していく。子どもの中の確かさを積み上げていく（挑戦、理解、熟成、発展、活用）。

●**ジャストステップ**　課題の難しさのため、学びに「バリア」が生まれやすい時には、バリアを軽減するジャストステップの課題にしていく。バリアを壁として捉えず、小さな階段が必要な場合と考え、ジャストステップ（スモールステップ）化する。課題内容によっては、下の学年の課題から始めてみることもある。子どもの際（ボトムアップのスタートライン）を正しく見つけていく。適切な課題設定であってこそ、子どもの中に学びの動機やエネルギーが生まれてくる。「できた」が次の力へとつながっていく。

●**小さな成功体験**　子どもが失敗することへの不安を感じている時は、やりやすく、小さな成功体験（インスタントサクセス）を感じやすい課題から始める。最初は、あらかじめ「できそう」な課題から始め、「できる→ほめられる」という成功パターンから、学びの意欲を作っていく。少し困難な課題には、アイコンタクト、笑顔、気持ちの支え、見守り、心の杖など心理的なサポート、プラスの刺激で誘導（活動への動機や関心）を行う。時には、あえて「ぐちぐちタイム」（負のエネルギーの発散）を設ける。時には、「プチ自慢タイム」（プラスのエネルギーの強化）を作り、エネルギーを再生していく。

●**タイムラグと子どものペース**　意味ある繰り返しの活動を大事にする。だんだんと理解していくプロセス、だんだんとできていくステップを作る。子どもに合ったタイムラグ（活動の時間差）、熟成（理解、納得）のペースを大事にする。

①学びのポイント、うまくできるコツを教えてもらい活動する（インストラクション）。

②サポートをしてもらいながら、一緒に活動する（一緒のちょいサポ）。

③モデルや手がかりをちら見しながら活動する（プロンプトのちょいサポ）。

④自分の中の体験や記憶を思い起こしながら活動する（活動の内言化、思考の芽）。

⑤少しずつ自分の力でできるようになってきたら、手がかりやサポートをフェードアウトし、一人でもできることを目指していく（自分の中の確かさの広がり）。

⑥できるようになったことを自分で確かめながら活動する（フィードバック、定着）。

　だんだんとできるようになっていく自分への期待が学習へのエネルギーを生み出す。

●**ヘルプ**　負の行動を「気持ち」や「態度」の問題としてダメ出ししても変わらない。負の行動を子どものヘルプのサインとして捉え、ヘルプの内容と気持ちに寄り添い、プラスの活動作りへと切り替えていく。

●**苦手と得意**　苦手さのトレーニングを進めていく場合もあれば、あえて得意分野を伸

ばしていくことによって生まれる効果を大事にする場合もある。不得意、得意の分野を織り交ぜていく。苦手な分野の時には、苦手分野ならではの工夫やコツを見つけていく。時には、ゲーム的要素や遊び的要素を取り入れ活動しやすくする（ワンスプーンシュガー：苦いコーヒーでも、一さじの砂糖で甘くなり飲みやすくなる。苦手なことをやりやすくする工夫。例：歌でことばをはぐくむ、マスキングで記憶の補強、クイズ方式など）。

●**学びのプロセス**　学びに必要な力「情報キャッチ、実行機能、思考、言語化（概念）、記憶」の得意と不得意を考えていく。子どもの特性に合った学習活動のプロセス「ガイド（説明）、活動、活動を通しての思考、まとめ、般化」の積み上げを図っていく。

●**手順理解と概念理解**　活動手順の理解や概念理解においては、シンプル、キーワード化、わかりやすさ、イメージ化、迷った時のリカバリー用の残る手がかり、などの工夫をする。手順や概念の理解が、ぱっとわかってくると、その後の活動が変わってくる。

●**カード化**　一つ一つの学習内容を一枚ずつのカードにまとめていく。カードにすることで、学習内容の理解を一つ一つ確認しながら進めていく。カードを教材として使い、カルタ学習、弁別対応型の学習、ゲーム的な復習などを行い、学習内容の定着を図る。

●**一枚化**　学習内容のまとめを一枚化していく。一枚化によって全体の文脈を把握しやすくする。作った一枚化カードを見比べることで学習の流れや積み上げ（レベルアップ）を意識できるようにする。一枚化の中には、記憶と理解を助けるキーワードやシンボリックな記号を使った内容の図式を取り入れ、直観的に内容を把握できるように工夫する。ゴールクリア、成長、学習の成果（手応え）を見える化していく（例：学習のプロセスを登山地図に見立て、「〜克服―頂上めざして今、何合目？」など）。歩みの成果の見える化（証）は、自分への励まし、周りからの励ましに発展していく。

●**認知特性**　学習フォーマットのパターン化、モデルのちら見、類似問題からの発展、ルーティンなど、その子に合った学習スタイルを大事にする。結晶性知能と流動性知能、継次処理と同時処理など、認知の得意、不得意のタイプに合った学習スタイルを考える。

●**生活化**　課題の生活化（学びと生活のつながり）を考える。生活の中から課題を見つけると、学びのイメージがもちやすい。学びの内容を身近な生活に活用できると、課題クリアの力が生活に役立ち、学びの手応えを身近に感じることができる（例：かけ算で買い物が楽しくなった。速度の学習で、スケジュールを考えられるようになった）。

●**二人三脚的な信頼**　この先生となら……自分が変わっていけるかもという信頼、（気持ち、呼吸、スキル、後ろ姿から感じる二人三脚的な信頼）を作っていく。誰かの力で、自分のヘルプや成長の課題をクリアできた体験は、自我（セルフコントロール）の土台

となっていくので、大事にする。変わっていく子、成長していく子どもには、「助けてもらった」という実感や、自分の中でできるようになったことへの変化・喜びがある。

●**動機**　今日の学びの充実や楽しさが、明日の学びの動機になっていく。

●**明日への希望**　明日の自分に希望がもてる学びにする。自分の未来をあきらめない気持ちを応援していく。明日の自分へ希望がもてない限り、子どもも大人も力が出ない。子どもが自分をあきらめないように気持ちを支え、力を引き出す関わりを大事にする。子どもの「自分の夢」を実現するために、何を、どうやったらよいのか、「目標（ミッション）」「やるべき活動」「成長プロセス」を具体的活動とイメージで子どもと共有する。

　活動、学び、成長は、深く影響し合っている。活動のエネルギーが学びを生み出し、学びで得た力が活動のエネルギーを生み出していく。学びの中で、情報をキャッチする力（認知）、考える力（思考）、実行機能（活動）、行動と気持ちの調整、社会性が育っていく。学びは、育ちの原動力になっていく。学びに参加できるようになっていく発達障害の子どもたちを見ていると、学びに参加できたことで、自らの「できにくさ」自体にも良い影響が生まれている。子どもにぴったりの学びは、「できにくさ」自体を変え、子どもの「育ちの力」の土台になっていく。

【教科学習の中で、「できにくさ」のトレーニング的要素が期待できる内容】

国語　情報の読み取り、構造的に情報を整理し思考する、言語化、文字化、表現の方法
　　　聞く、話す、コミュニケーションスキルアップ、書く、内言思考の充実
　　　説明文の読み取り、つなぎことば、要約、論理の構造的な理解
　　　物語文の読み取り、心の理論、他者視点の理解、気持ちの理解

算数　計算（手順処理、ワーキングメモリーなど）、文章題（求められる思考の手順に沿った処理）
　　　与えられた条件に基づく多情報の整理、単位量、比較概念、四則計算（プランニング）
　　　ゴールから手順やプロセスを可逆的に思考する課題（何時までに着く？、虫食い算など）

社会　情報キャッチ、データの読み取り方、データの活かし方、事象と訳の思考

理科　仮説と証明の思考、データの取り方、実験での実行機能、学習の生活科

道徳　こんな時、どうする？、ソーシャルスキル、みんなの行動の訳、友だちの考え方を聞く

体育　コーディネーション運動、ルールを守る、チームで協力、負けた時の気持ちの調整

音楽　指示に合わせた活動、楽器演奏による協調運動、合奏（みんなと呼吸を合わせた行動）

図工　作成手順に基づく実行機能、表現体験からの気持ちの充実

特活　話し合い（自分ミーティングの土台）、いろいろな意見のまとめ方、反対意見の受け止め

外国語　コミュニケーションスキル、フォーマットによる言語スキル

休み時間　ソーシャルスキル、課題解決の体験、行動修正やより良く行動していく体験の土台

16 授業には、谷あり、山あり、それが育ちへ

子どもたちの授業への参加度に注目して、授業を見ていると、授業の進行の中では、子どもたちにはいろいろな波がやってくる。その時折の子どもの状況を受け止めながら、子どもの育ちへとつなげていく工夫について考えてみよう。

授業の始まりには、今までの授業の積み重ねの結果が反映する。今までの授業でいい感じをつかんでいる子は、良い状態で授業に参加できる。しかし、今までの授業であまりいい思いをしていない子は、学習へのモチベーションの低さが出てしまう。また、直前に負の体験（何かトラブルがあった、授業の準備ができていない、勉強の切り替えが苦手など）があれば、それを引きずっていることもある。なるべく、あらかじめの工夫（授業の準備の確認、ノイズカット、直前での見守りと意識づけ）で子どもが参加しやすいようにしていく。もし、授業の最初から参加度が低い場合（谷）には、気持ちのスイッチをONに切り替えていくような「ちょいサポ」（声かけ、気持ちを聞きながら暗示的に誘導、～けど～だから大丈夫だよ、～できたら～できるよ、興味ある話題や視覚的手がかりで学習動機を刺激）が求められる。

授業が始まる段階では、課題への意識作りをする。スイッチONのルーティン的活動、クイズを出して気持ちを授業に向ける、課題につながるような知りたい・おもしろそうと感じる手がかりを伝える。子どものフィールドに入って子どもとの一体感の中で作っていくと、プラスの意識を作りやすい。さらに、授業の課題に意識を向けていくためには、本人の興味・関心、本人のリズムに合わせながら、授業のガイドを行っていく。時には、導入時に簡単な質問に答える活動を行うことで参加のきっかけを作る。本人の得意なことを活かした活動や、ちょっとした成功体験を得やすい活動（インスタントサクセス）を行うことで、子どもの中のプラスの参加意識を引き出していく。

課題のガイド、課題解決のための活動では、課題の難しさ（バリア）や本人の「できにくさ」によって、行きつ戻りつの状態になってしまうことがある。どういう課題の時には、どういう状態になってしまうのか、その子の訳を把握する。もし、子どもの様子から何か危ういサインを感じたならば、本人に寄り添い、ヘルプの状態に合った対応（ちょいサポでプラスに切り替え）をしていく。

もし残念ながら、負の状態（谷）になってしまったら、本人

のヘルプに寄り添っていく。見た目には、活動をやっていなかったり、やる気をなくしてしまっているかのように見えても、心の中は、なんとかしたいと願っているのかもしれない。ダメ出しではなく、子どものヘルプを感じ、子どもの意欲がなくならないように接していく。ダメ出しは、負の連鎖（注意されると、やりきれない自分に気持ちまで萎えてしまう）になりやすいので、負の状況を切り替えるような、こうすればできるかもという具体的な手立て、プラスの活動への刺激、とりあえずの活動の手がかりや意識づけ、一緒に活動して活動の半歩作りなど、「子どもを助ける」ことを具体的に行っていく。谷の状態の時こそ、リカバリーにつながるちょいサポの技が光る。

　だんだんと谷から抜け出し始めたら、プラスの変化をすぐにほめる。「いいね」とプラスの自分を認めてもらえると、活動の推進力になっていく。また、子どもの中に、自分なりの発見「あっ」の気づきを作っていくことで、プラスの波を作っていける。

　授業の後半では、学習の証を残し、昨日の自分と比べても、勉強前の自分と比べても、なんかちょっといい感じになっている自分を感じられるようにする。活動の充実、学びの充実、自分が認められる充実、自分の成長の手応えは、明日の力になっていく。

　授業は、まさに谷あり、山あり、いろいろな子どもの姿が出てくる。それらに一つ一つていねいに付き合い、子どもたちの育ちにつなげていく。

●**ピグマリオン効果**　「どうせ〜もんでしょ」と負の思い込みで子どもを見ていると、子どももそれなりの反応をしてしまう。でも、「☆☆になれるかも」という先生のプラスの思いや努力は、子どもの思いへ反射し、プラスの反応を引き出していく。成長への信頼と期待は、子どもの未来のプラスの成長を生み出すエネルギーになる。自分に期待されない思いをはねのけてプラスのエネルギーを作り出すことは、とても難しい。子どもの「できない」ばかりを見てしまうと「ぼくはやっても同じ、どうせできない」と子どもの未来へのエネルギーを奪っていく。「☆☆になれるかも……」の子どもへの信頼や願いが、子どもの中にプラスに向けたエネルギーや工夫を生み出し、もどかしさを抱えていても、少しずつ可能性に向かって歩みを始めていく。子どもの未来を信頼し、「☆☆になれたらいいね」という願いに合ったちょいサポ（黒子的サポート）を行うことで、少しずつプラスの現実を作っていく。願いに向かったコツが生み出す活動と学びが未来をたぐりよせていく。子どもたちの中に、明日も行けるかも、という期待を作っていく。

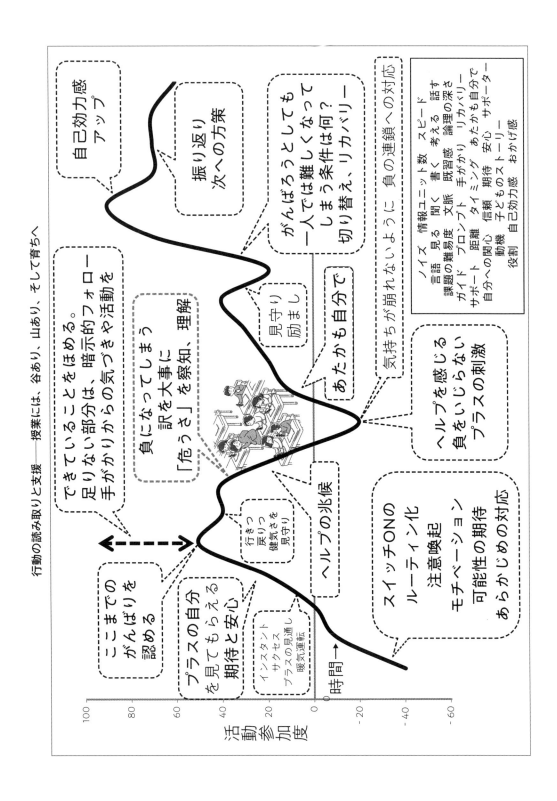

行動の読み取りと支援――授業には、谷あり、山あり、そして育ちへ

自己効力感
アップ

振り返り
次への方策

がんばろうとしても
一人では難しくなって
しまう条件は何？
切り替え、リカバリー

気持ちが崩れないように　負の連鎖への対応

ノイズ　情報ユニット数　スピード
言語　見る　聞く　書く　考える　話す
課題の難易度　文脈　既習感　論理の深さ
ガイド　プロンプト　手がかり　リカバリー
サポート　距離　タイミング　あたかも自分で
自分への関心　信頼　安心　サポーター
動機　期待　子どものストーリー
役割　自己効力感　おかげ感

できていることをほめる。
足りない部分は、暗示的フォロー
手がかりからの気づきや活動を

負になってしまう
訳を大事に
「危うさ」を察知、理解

見守り
励まし

あたかも自分で

ヘルプを感じる
負をいじらない
プラスの刺激

ここまでの
がんばりを
認める

プラスの自分
を見てもらえる
期待と安心

行きつ
戻りつ
健気さを
見守り

インスタント
サクセス
プラスの見通し
暖気運転

ヘルプの兆候

スイッチONの
ルーティン化
注意喚起
モチベーション
可能性の期待
あらかじめの対応

時間→

100
80
60
40
20
0
-20
-40
-60

活動参加度

「できにくさ」があるのなら……

ウサギとカメの寓話を参考に「できにくさ」について考える。

走るのが得意なうさぎさんがかめさんに走りっこの競争を挑む。しかし、レースが始まると、走るのが得意だったうさぎさんは、途中で油断をしてしまい、寝てしまう。こつこつとがんばったかめさんが勝つというイソップの寓話である。

でも、もしこの寓話に、レースの道中に、川があったり、壁があったりしたらどうなるだろうか？　うさぎさんは、走るの

は得意だが、泳ぐのが苦手である。とたんに、「できにくさ」が生じてしまう。こつこつがんばるのが得意なかめさんでも、さすがに壁を越えていくのは、難しい。やはり、「できにくさ」が生じてしまう。

さて、それではどうしたらいいのだろうか？

ここで、川には橋をかけたり、壁にはスロープをつければ、この2人の「できにくさ」をカバーできる。環境の調整によって「できにくさ」をサポートしたことになる。これ

によって、横にいた小さいアリさんまでもやりやすくなっている。まさにユニバーサルデザイン的な効果があった。

さらに、もしうさぎさんとかめさんが互いの得意を活かし、助け合ったらどうなるだろうか？

かめさんは、得意の泳ぎでうさぎさんの「できにくさ」をサポートする。うさぎさんは得意のジャンプでかめさんの「できにくさ」をサポートする。互いの得意で互いの「できにくさ」をカバーし合う。こんなインクルーシブな世界ができたら、ど

んなにいいことだろう。たとえ「できにくさ」があったとしても、環境のバリア対策をし、互いの助け合いで「できにくさ」を乗り越えることができた時、自分たちらしい生き方を見つけることができるのかもしれない。

第 4 章

自我、
セルフコントロールの育ち

1 サポートのフェードアウトと自我

　今まで出会った子どもたちが、どんなふうに変わってくれたのか。子どもたちの歩みを振り返っていると、急に子どもたちが輝き出したと感じる時がある。その変わり始める時の子どもたちの姿やことばは、子どもたちを育てていく羅針盤になっていく。

　「ぼくは、小さい頃、（周りの人が）嫌がることを（わざと）して暴れてました」
　低学年の頃、教室を飛び出していたK君が、5年生になったある日、話してくれた。
　確かに、幼稚園の頃のK君は、すべり台の逆走をしたり、友だちの三輪車を横取りしたり、みんなと一緒の課題ができずに毎日泣いて暴れたり、その武勇伝は数多くある。小学校に入ってからも、教室での勉強が嫌になると、すぐに教室を飛び出していた。
　そのK君と5年生の時、「やさしい」ということばと気持ちについて勉強した。
　「ぼくは、初めて"やさしい"がわかってきました」
と話してくれた。よく聞いてみると、自分が言い過ぎてしまったせいなのか、ある時、上級生に囲まれてしまった。大ピンチだ。でもその時、そこを通り過ぎた別の上級生が「やめろよ！」とK君を守ってくれたとのこと。その時初めて、K君は、今まではわからなかった「やさしい」（相手のためのことを考える気持ち）の意味がわかった気がする、と話してくれた。この出来事はきっかけだが、どうやらK君は、自分のやってきた（相手の嫌がること、自分の思いだけで行動していた）ことを別な視点で俯瞰して考えられるようになってきたようだ。その時からK君は、みるみる変わっていった。

　「もう（自分一人でも）授業に出られる（参加できる）ので大丈夫です」
　今まで、教室を飛び出すことが多かったN君。授業に参加しやすくするために、個別で「書く力」を伸ばすことを目指してきた。そのN君が5年生の時、自分から「もう大丈夫」と言ってきてくれた。実は、その頃までには、N君は、1センチマスのノートに文字を書けるようになってきていた。授業中のノートが書けることで、授業への参加ができるようになり、自分なりの手応えを感じ、もう大丈夫と感じたようだ。確かに、その後のN君の様子を見ても、授業への参加度も、自分の行動の振り返りも見違えるように成長してくれた。昔、あんなに教室を飛び出していたことがウソのようだった。
　「（たとえ）間違えても、直せばいいね。（自分で）直せるようになった」

126

　間違いを指摘されることが苦手で、消しゴムが使えず、教室での授業に一切参加できず、時には、他の子の授業参加を邪魔していたC君。最初は、間違いを指摘しないやり方で少しずつできることを増やし、自信を深めていった。間違いがあっても、自分で間違いを直しながら気持ちを切り替えられるようになり、授業に参加できるようになった。あんなに荒れていた行動がなくなっていった。

　M君は、先生がことばで伝えていると、ことばの一つ一つに過反応してしまい、最後まで聞くことができず、先生の伝えたいことと自分の思いにズレが起きてしまい、トラブルを起こしていた。相手の話を聞くというのは、ある意味、相手のペースに合わせることなので、自分の興味や自分ペースを強くもっている子にとっては、難しい活動だ。そのM君には、授業の内容や守ってほしいルールなどを、先生が書いた物（やりとりノートなど）で伝えたところ、M君も自分のペースでつかめるようになってきた。また、M君自身も書く力が育ち、自分が書いた物で自分の考えを伝えるようになった。書いた物を媒介に先生とやりとりができるようになったことで、周りの情報を受け止めながら、自分なりの調整をしていくやり方を見つけていった。その後、書いた物（プリント、日誌、やりとりノートなど）があれば、大きなトラブルも少なくなってきた。

　「先生、ぼく成長しましたか？　どうですか？」
　P君は、自分自身の成長の手応えを確かめたくて、聞いてきた。
　「この頃、よく考えるようになったね。覚えられる漢字も増えてきたね、いいね」
　それを聞いたP君は、「クラスで一番になれますか？」と今まで胸に秘めていた願いをことばにした。自分の変化の手応えを感じてくる中で、自分なりに教室の中で輝きたいと思ったのだろう。
　Q君は、長年、教室に入ることができなかった。でもある時、みんなと長縄跳びをできるようになってきたことをきっかけに、少しずつみんなと一緒にがんばることを楽しめるようになってきた。教室で過ごし、一緒に勉強できるようになった。
　R君は、今までの自分のことを自分から「ゴミくず」だったと表現した。以前、教室で気に入らないことがあると、机をひっくり返し怒っていた頃（その時の彼には、そうしかできなかったのだが）の自分のことを表現したようだ。でも、過去の自分の状態を「ゴミくず」と表現したのは、今の自分は以前とは違う、これからはみんなと一緒にいい感じでいけそうという、自分なりの手応えをことばにしてくれたような気がする。
　S君は、自分が気になることがあると、ポンと思いのまま（衝動的）に反応し、友だ

ちとのトラブルが多かった。そのトラブルのことを先生から注意されると、自分を守るために必死で「うそ」をついていた。でも、ある時、自分の困っていることを正直に話してみた。大変な時は、正直に話したらなんとかして助けてもらえるようになった。怒りそうな気持ちとの付き合い方を学ぶこともできた。そもそも、トラブルを少なくする過ごし方がわかってきた。「うそ」をつくやり方よりも、もっといい感じになれた。「うそ」をつかなくてもいい方策を学ぶことで、「うそ」のいらないスタイルを身につけた。

　「ぼくは、（前は）うそつきでした。でも、ぼくがうそを話しても、（ぼくの本当に求めていることを）わかってくれた……」と後にカミングアウトしてくれた。

●苦手に向き合う自我の力　（自己効力感と発達障害のテコ理論）

　「できにくさ」（difficult）を抱えている子どもたちにとって、自分の「できにくさ」と向き合うことは難しい。子どもだけの力では、なんともできないことがある。最初は、その子の「できにくさ」に合ったサポート（テコのように自分の力を大きくしてくれる）を工夫し、できることを少しずつ育てていく。たとえ自分だけの力ではできなくても、あたかも自分の力でできたように成功体験を積み重ね、少しずつでも自分の力でできたという感覚を大事にする。自分の変化を一緒に喜び、がんばりをわかってくれる人がそばにいてくれると、子どもの中に新たな力が生まれてくる。どうせ自分はできないとあきらめてしまうのではなく、自分に合った工夫、やり方がわかればできるようになれるかもという自分への手応え（自己効力感）を感じられるようにする。少しずつでもすてきな自分になっていくノウハウやコツがわかってくると、自分の可能性を期待できるようになってくる。自分でがんばってみようとする気持ちが強くなってきたら、サポートをフェードアウトし（サポートのテコを少しずつ変え）自分の力でできることを目指していく。自分の力でがんばるコツをわかり始めた子どもたちが話してくれた。

　「わかれば、かっこよくなりたい」

　「できるなら、すてきな自分のほうがいい」

　自我とは、「ぼくっていい感じ」を目指し、すてきな自分を作りたいという願いだ。

2 子どもの考えと力を引き出す 「合いの手」

　子どもだけでは考えを深めることが難しく、先が見えずに、考えることをあきらめてしまいそうになる時がある。そんな時には、子どもの考えを引き出し、子どもなりの自己決定のお手伝いをしていく。すべてを子ども任せでは難しいが、だからといって、無理やり指示をしても、子どもの自己決定力の育ちになっていかない。子どもの考えを尊重し、子どもの考えを支えるような「合いの手」的な関わりから子どもの考えと自己決定のお手伝いをしていく。子どもの考えを引き出し、つないでいくような「合いの手」がうまくできると、子どもが自分で考えていく力をステップアップしていくことができる。合いの手的サポートで徐々に自分で考えて決めた成功体験を増やしていく。

●合いの手ことば（子どもの内面とのリンクを意識したやりとりのことばかけ）

　「そうだね……」　　共感を伝え、子どもに安心や自信を与える。

　「え、そうなの？」　　もっと知りたいという雰囲気の返しで、考えの訳や背景を深めることができる。

　「それで……」　　子どもの話に興味を感じている雰囲気で、もっと聞きたい。

　「……ってことは……」　　子どもの思考をつないでいく手伝い。

　「つまり……」　　考えを整理させるきっかけ作りと内容の確認。

　「そうかぁ……」　　子どもの考えを深く受け止めたことを伝える。

　「なるほど……」　　感心と驚きで、子どもの自己効力感をくすぐる受け止め方。

　「……ってこと？」　　確認をすることで、ポイントの整理ができる。

　「……すごいね」　　肯定的な感情を伝え、子どもの学びへの張り合いを刺激する。

　「合いの手ことば」では、子どもの内面思考とリンクしていることが大事になる。子どもの考えや自己決定の力を引き出すようなやりとり、子どもの気持ちや思考との同期（チューニング）を大事にしたやりとりを目指す。そのためには、子どもの主体的なエネルギーを引き出すような呼吸、間、タイミング、声の大きさ、プロソディー（ことばの調子）に気をつけながらことばかけしていく。

③ 手順（実行機能）が見えてくると、自分でだんだんとできるように

　自我形成において、課題を遂行していく力（実行機能）は、大事な土台となる。自分なりに活動できることを増やすことから、実行機能の力を育んでいく。実行機能を育んでいくためには、どのような工夫をしていけばいいだろうか。

❶ルーティン化 ▶ 最初は、ルーティンでできる課題を一つ一つ増やす。日常の決まった習慣的な活動について、先生の指示や何か手がかりがあれば、動けることを目指す。ルーティン的な活動（毎日の日課的活動、身の回りの片付けや準備、日々の授業の指示課題、掃除、給食など）の成立から自己内調整の芽が育っていく。ルーティン的な課題遂行から自己内調整（考え）をできるようにしていく。

❷情報キャッチ ▶ 課題の情報（ガイド）をしっかりキャッチする。課題内容（何を、何のために、どのように、いつまで、注意のポイントなど）の情報キャッチに集中する。課題内容のガイドへの選択的注意を高める（ノイズカット、注意喚起、課題内容の見える化、モデルの提示、大事な内容のスコープアイ、I copy）。

❸プランニング ▶ 行動の文脈をじっくり考え、活動のプランニングをする。課題の内容と手順を確認する。条件やルールに基づき計画を立てる。一人で難しい場合には、見える手がかり（活動の手順がわかる視覚的手がかり）をちら見しながら、活動のプラン（手順）を想起する。読む、小さい声で言うなど、外言化することで、手順を意識する。事前にシミュレーションする。

❹はじめの一歩 ▶ まずは、活動始めが肝心。最初のスイッチ ON に気をつける。「とりあえず、最初の活動は……」を意識しながら、「せーの」と一斉のスタートに備えていく。課題内容を一度外言化（I copy）してみる。時には、できるところから始める。はじめの一歩ができると、その後の手順に取りかかるエネルギーが生まれやすい。また、全体のプロセスを小分けにして、一つ一つクリアしていく。

❺**マルチタスク** ▶ 一度に多くのことを遂行するのが難しい時は、一つ一つ行っていく。合いの手的やりとりから手順を考え、次の行動を意識することばかけをする。手順表（見える手がかり）で次の手順の確認をしやすくする。

❻**go/ no-go** ▶ 状況、条件に合った適切な活動（go）をする。ゴールに向かって不必要な反応は抑制（no-go）し、最後まで活動へ集中（go）していく。活動途中では、がんばりを見守りながら、ゴールまでの集中の持続を支えていく。

❼**ワーキングメモリー** ▶ 課題内容や手順を見える形で残す。残る手がかりを使ってセルフチェックする。残る手がかりがあることで、スタートからゴールまでの行動調整の助けとする。計画に基づき順序良く活動できているか、セルフチェックする（課題手順表、付箋、リマインダー、ToDo リスト）。課題内容を見える化して、達成状況を確認し励みにしていく（リストに達成度をチェックする、付箋リマインダーを取っていくなど）。

❽**コツ** ▶ 子どもに合ったコツを見つける。課題遂行の計画を視覚化する。課題情報をいつも決まった場所に貼っておく。手元に課題のチェックができる手がかりを置く。片付けは、決まった場所を決め、ラベル（表札）を貼る。活動時には、お気に入りの決まった BGM を聞く。

❾**自己効力感** ▶ ゴール達成（成功体験）を視覚化し、子どもの中の達成感を大事にする。がんばりを共有し、認められると、さらに力が湧いてくる。子どもに合った自己有用感を高めるようなその子なりの役割を作り、子どもに応じた評価をしていく。

＊子どもとの同期（チューニングのポイント）：子どもの思考の特徴（やり方、内容、スピード、自発性、手がかりなどの状態）を把握し、子どもの気持ちや思考と同期できるように、合いの手のリズムや間合いを図っていく。すぐに同期できない場合には、リズムや間合いを少しずつ調整（チューニング）していく。子どもの思考の特徴に合わせながら、同期の調整（チューニング）をしていく。

4 社会性と自我の育ち

　集団で過ごす時、ルールを守ることは必要不可欠になってくる。ルールを守ることを身につけていくのが難しい子どもは、どうやってルールを守れるようになっていくのだ

ろうか。例えば、どうしてもテレビを近くで見てしまう子に、「近づかないでテレビを見る」というルールをどのように守ってもらえるようにするのか。ルールから逸脱した行動を、その都度注意していく方法が多いだろう。でも、それではうまく行かずに互いに疲れてしまうことが多い。そこで、次のように取り組む。

❶ルールの基準と訳をガイド ▶ どこから見てほしいのか。なぜ、テレビを近くで見ないで、離れて見てほしいのか。ルールのポイントをわかりやすく事前に確認する。ルールの内容と訳を伝え、ルールを復唱（I copy）する。

❷わかりやすいプロンプト ▶ 望ましい行動がしやすいプロンプトを作る。離れた場所から見る場所（定位置に椅子を置いておくなど）をあらかじめ決め、そこから見るようにする。どのくらい離れるのかをわかりやすく視覚化する（見ていい場所に線を引くなど）。

視覚化された手がかりが行動を調整する手助けとなる。プロンプトだけでは難しい場合には、一緒に行動してみる。守ってほしいルールをことばだけで伝えても、子どもは、活動をしないとそのルールの意味がわからないことがある。行動して初めて、適切な距離から見ると、「みんなも見やすいし、目にいいのかもしれない」と「ルール」の意味がわかり始めてくる。自分だけが見えやすくなるために近づいていた行動を違う視点から考え直すことができる。

❸**ルールの視覚化** ▶ 頭でわかったつもりでも、ま
た自分流の行動になってしまい、ルールを逸脱して
しまうことも多い。その時にはわかったつもりに
なっても、いつでも確実に実行できるわけではなく、
次の時には、ついまた自分視点で動いてしまうこと
もある。一時的なことばのガイドだけでは、行動の
見通しや抑制は難しい。行動の見通しと抑制（行動
のイメージをもって、行動を調整する）ができるよう

な見える手がかりを作っていく。ルールを視覚的に残し、見えやすい場所に貼っておく。
残る手がかりを見ることでルール（約束）を再度意識することができる。目のつく場所
にルールがあると、注意喚起にもなっていく。

❹**即時的なほめのフィードバック** ▶ 成功体験には、すぐに「いいね」「ありがとう」な
どの肯定的なフィードバックをする。ほめられると、「ルール」を守ることをプラスの
気持ちで意識できる。自分でルールに気づいて直すことができた時でも、一緒にできた
時でも、見える残る手がかりを見ながらの時でも、ルールを守れた時は、子どものがん
ばりを認めるフィードバック（ほめ）をしていく。

❺**ルールのモデル** ▶ ルールを守っているモデルを見てルールへの意識を高める。モデ
ルを見ると、ルールを守ることを客観的に意識できる。時には、自分自身がモデルにな
ると、他者のためになっていることを意識でき、ますます、ルールを積極的に守れるよ
うになる（イラストのお兄ちゃんに「さすが、おにいちゃんね。おにいちゃんのおかげで、
弟もちゃんと見られるようになってうれしいわ。ありがとう」）。

❻**ルールの想起** ▶ ルールが必要な場面の直前に、「ルール」の内容と必要性を想起する。
「……の時は……？」と行動のモデルを想起するような声かけをする。「テレビを見る時
は……？」「離れて見られるかな？　離れて見てもらえると、みんなも見えやすいし、弟
にもいい見本になるね、ありがとう」とプラスの行動の意識づけ、意味づけをしていく。
あらかじめの声かけで、子どもの自覚的な意識で「ルール」を守れるようにしていく。
ルールに沿って行動できているか見守っていく。

❼**ルーティン化** ▶ ルールをルーティン化して、ルールを守ることを習慣化していく。
繰り返しの中でルールを記憶、確認、定着させていく。マイルールブックの作成をする。

❽**セルフチェック** ▶ ルール表でセルフチェックしたり、記憶のチェックポイントで確
認していく（例：給食の準備のイラストを見ながら、服装点検をする）。活動中、活動後に、

自己チェックし、時には、振り返りカードに記録する。ルールに沿って行動調整できたことを数値化して、行動の変化を励みにしていく。

❾**ルールの学習** ▶ ルールを守る活動ができるようになったら、ルールの内容や必要性（訳）を学習していく。ルールの背景にある訳を学び、守ることへの意識を高める。「こんな時どうする？」と、ルールが求められる場面とルールを学習する（ルール一覧表。マナーブック。マイルールブックなど）。

❿**ルールと自己調整までの流れ** ▶ ルールを自分で守っていけるようになるためには、ルールのガイドと理解（理解だけでは行動できないとしても、イメージを作る）→
ちょいサポでルールを意識した行動ができるようになる（行動として理解する）→
行動によって、ルールの訳、守る時のコツを学んでいく（行動が理解を深める）→
行動・学び・手がかりの内面化によって、内言思考による調整（自我による行動調整）へとステップアップしていく。

＊例えば、道路を飛び出さないというルールを守っていくためのプロセスを例に考えてみよう。

　　問題発覚→サイン→ガイド→一緒に→肩支え→内言化→
成功体験→プチ自慢
・問題発覚 ▶ 子どもの行動の様子から、守ってほしいルール（社会性）を意識する。
・サイン ▶ 課題の前後のサインを読み取り、もしうまく行かないとしたら、何が原因なのか、考えていく。
・ガイド ▶ 守ってほしいルールの話をする。この段階で

問題発覚

は、話だけではわからないことも予想されるが、「どうして、飛び出すとなぜいけないのかな」とあらかじめ伝えていく。望ましい行動のイメージを作る。
・一緒に ▶ たとえことばでわかったつもりでも、自分だけでは行動としてできないことが多いので、最初は、望ましい行動を一緒に活動して学ぶ。

・肩支え ▶ 道路で待つ行動（no-go の行動調整）がや
　りやすくなる工夫を考える。望ましい行動を引き出
　すコツ（プロンプト、輪、肩支え、声かけ）を工夫する。
・内言化 ▶ 安全のための行動をイメージする。「止ま
　る、見る」という行動を内言化する。場合によっては、
　直前で、どういうふうに行動するのか、確かめる。
・成功体験 ▶ これらの取り組みで成功体験が生まれた
　ら、すぐに「いいね」とほめていく。

・プチ自慢 ▶ 自分のがんばりをプチ自慢する。どんなふうにがんばれたのかを聞いて
　いく。次のがんばりのエネルギーを作っていく。

5 気持ちを整えて（不安、怒り、もやもや、もどかしさの調整）

（1）行動を時系列的、視覚的に振り返る

　N君は、自分の思うようにいかないことがあると、つい怒ってしまったり、暴れてしまったりしてしまうことがあった。5年生になったN君が、こんなことを言った。

　「ぼく、本当は10歳のぼくとして、ちゃんとやりたいのに……」

　「でも、2・3歳のぼくが、無理やりでてきて、邪魔するんだぁ」

　つい怒ったり、暴れてしまう自分のことを、「2・3歳のぼく」が出てきてしまうと表現していた。見た目には、怒ったり、暴れてしまったが、本当はちゃんとやりたいと願いながら、「そうなってしまう自分」と戦っている。

　N君の行動を、気持ちの変

化を怒り直線で視覚化し、時系列で振り返ってみた。

・自分の行動の意味や背景を「わかってもらえる」という安心から始める。自分の行動の流れ（起承転結）について落ち着いて考えていく。

・行動と気持ちの流れ（プロセス）を振り返りながら、大事な分かれ道を意識する。

・分かれ道の時点では、自分として気をつけることは何か？　どんな関わりだと助かるのか？　成功への分かれ道を歩き出すための行動を客観的に考えていく（メタ認知）。落ち着いて、客観的に見る（メタ認知）と、次の時の方策を考え、次の行動に活かしやすい。今後の具体的な行動を一緒に考え、なんとかしようとする気持ちを支えていく。

・「本当は、10歳のぼくらしくやりたい」という、子どもの願いとヘルプに応える。

・対策の行動について話し合う経験は、将来の自分ミーティングの力となっていく。

（2）怒りそうになったら、どうする？（怒りの気持ちのコントロール）

●怒りの気持ちの鎮め方（コントロール）について考えてみる。

・怒りそうになったら、「10数えよう」など、あえて間を作る。間を作ることで、気持

ちも少し落ち着き、反射的に行動してしまうことを抑制できる。
・できれば、「ここで怒ってしまったら、どうなる？」と怒ってしまった時の結果を予
　測してみる。結果予測できる力が、行動を調整できる土台になっていく。怒るほどの
　ことなのか、その出来事の意味・価値をあらためて考え直してみる。
・自分がなぜ怒ろうとしたのか。何かこだわり過ぎていないか。相手を怒るより、自分
　のこだわりを切り替えることはできないか。相手を変えるより、自分を変えるほうが
　解決の早道になることもある。怒る以外の行動の選択がないかを考える。
・あえて、怒っていることとは違う楽しいことを思い出し、気持ちをリセットする。
・一度、その場から離れてみる（クールダウン）。落ち着く場と時間を作る。
・気持ちを切り替えるコツをカードにして、自分の得意をアイテム化していく（誰かに
　話す。たとえつまずいても、「大丈夫」と切り替えることばを言うなど）。
●未来志向の建設的な方向に気持ちを切り替えていくためには次のような手立てをする。
・つまずきそうになったら「助けて」と言う。　・立て直しのために負の刺激を失くす。
・過去に成功した時のことを思い出す。　・気持ちを切り替えることばを思い出す。
・上手に切り替えられた成功体験をイメージする。
・他者からの励ましやサポートを思い出す。　・一緒に活動している人の思いを考える。
・自分の中の自分を励ます気持ち（自励心）を考える。　・願いやあこがれを思い出す。
・つまずいても、リカバリーできる方法を伝え、しなやかさに切り替えていく経験を大
　切にする（レジリエンス）。ポジティブな捉え方に切り替える（リフレーミング）。

（3）負の感情との向き合い方（振り返り方）

　負の感情と向き合うことは、とても難しいことだが、今後に役立つことを目指し、ど
うして心が折れそうになったのか、きっかけとなった出来事は何だったのか、負の感情
はどのくらい続いたのか、乗り越えるためにどんなことをしたのか、してほしかったこ
とは何か、どうやって解決したのか、などを振り返っていく。
・共感を前提に子どもの話を最後まで聞く。負の感情を和らげ、癒していく。
・話し始めは、投げやり的な気持ちから始まっても、話す・表現する中で変わっていく
　ことを大事にする。
・心が折れそうな気持ちを切り替える方策を意識する。
・自分を自分でどうやって励ましたのか（ポジティブセルフトーク）を大事にする。
・対処法や打開策を整理し、今後の行動に役立てる。

6 トラブルから修正の力を学ぶ

普段、思わず過った行動からトラブルになってしまうN君が、話してくれた。

「孔子は、ぼくの苦手のことを言うんだよ」「過ちて改めざる、これを過ちという」

「過ちを直せないことが、一番の過ち」孔子は、N君の苦手なところをついている。

　間違いなく活動できること（エラーレス）を目指していきたいが、トラブルを起こしてしまった子には、たとえ問題（トラブル）を起こしてしまっても、トラブルを今後の行動のプラスになるように振り返り、今後の行動調整の育ちに活かしていけるようにしていく。過ち（トラブル）を学びに変えていく方法を考えてみよう。

（1）子どもの事実の捉え方に気をつける

　子どもには、子どもの中で感じている事実（心的現実）がある。しかし、子どもによっては、事実の捉え方に特徴があると、心的現実と客観的事実がズレていることもある。

・「自分視点」で目に見えることだけが残りやすい。

・「俯瞰の目」（客観的視点、他者視点）が難しい。

・不快体験に敏感になりやすい。自己防衛的に感じてしまう。

・自分をオープンにして正直に語れず、きちんとした事実の
　情報交換ができない。

・事が起きている時は、感情的なスイッチが入ってしまい、事実の捉えが偏りやすい。

・全体の文脈、因果関係の捉えが苦手な場合、一部分の事実だけが強く残りやすい。起承転結の流れの中で、子どもによっては、「承」から意識し始めたり、気になる「転」をクローズアップしてしまうことがある。

・一度、「思い込む」と自分の事実になってしまいやすい。

　事実の捉えがズレたままでいると、子どもとの信頼を築くことが難しくなる。事実のズレを感じた場合には、ゆったりとした落ち着いた雰囲気の中、やさしい声で、子どもを助けるという気持ちで事実の確認をしていく。本人から話を聞き、事実の整理を手伝っていく。子ども本人のことばを聞くことで、子どもの情報の捉え方の特徴もわかり、その後の関わりに活かすことがで

きる。フリートーク、記述法（日記、生活記録）、ビデオで見ているように図や絵で表す（人物を棒人間のように簡略し、場面の状況を再現する方法もある）、がんばり表を見ながら点数法（数値化）、気持ちの折れ線グラフ、などの方法で事実を聞いていく。

　子どもの話を聞く時には、本人なりの訳を聞く。子どもが感じている心的現実には、子どもなりの訳がある。トラブルにおける○○ちゃんストーリーを読み解き、子どものくやしさ、もどかしさを受け止め、プラスのエネルギーに変えていくお手伝いをする。

（2）修正の体験から今後につながるより良い行動や気持ちを考える

　一緒に修正する経験を積み重ねることで、自分の行動や認知の仕方をより広い視点から客観的に認識し、今後の行動をコントロールしていく力（メタ認知）を育てていく。

・次はどうすればいいか、次の成功のためには何がポイントかを考える。他者視点と必要なスキルの気づきへ広げていけるか。サクセスストーリーへの切り替えを考える。大事な分かれ道を意識し、具体的な行動の目標を一緒に考える（「～と～、どっちがいいかな？」「～すると、どうなるかな？」と選択していく）。

・成功への行動をプランニングしていく。作戦をネーミング（外在化、意識化）し、子どもにわかりやすくする（～ミッション）。

・わざと極端な例外や反対の道筋を想像し、成功とトラブル、自分視点と他者視点を対比しながら考えていく（さすがに、～はないよね）。

・過去の成功体験を思い出す。もし、悪化を防いだ成功体験があれば、活かしていく。

・本人のプラスへの意識化を後押ししていく（それいいね、その通りだね）。

・状況を正確に読み取り、状況に合った行動について考える。

・自分の問題では、感情が入り過ぎてしまう場合、似たお話で考えてみる。

・将来、自分で修正できるように、修正への耐性やコツを学んでいく。

・修正できることの価値や意味を確認する（しんどいけど、いい感じになれる）。

・トラブルの間違い直しの経験から、より良い行動を目指す大切さを学ぶ。

・いろいろな視点や条件を理解し、どう考えたらいいのか、折り合いのつけ方を学ぶ。

・ゲームなど、勝ち負けの疑似体験で耐性（我慢、気持ちの切り替え）を育てる。

・自分のあこがれ、次の目標を記録する（未来予想図　シンデレラノート）。

・「～すれば……できるかも」と、サクセスストーリーへのコツを意識する。

・試行錯誤や修正に時間や場が必要な時は、自己調整の間（時間、空間）を作る。

・進む方向に迷ったら、子どもの中のあこがれやモデルさがしをする。

・行動のコツをカード化する。達成の状況を数値化し、自分の成長を捉えていく。

・子どもが自分を励ますことやセルフエスティームを高めていく（～君ものさしによる変化とその評価、できたよカード、プチ自慢、喜びの共有へ）。

（３）サクセスログ（成功体験の記録 ▶ 文章、がんばりカード、写真、メダル、メッセージ）

・喜び、コツがわかるように成功体験を記録する（～の歩み、～の時のがんばり）。

・不安と向き合い、だんだんの変化（成長）のプロセスや乗り越えていく姿を大切にし、自分の励みにしていく。自励心につなげていく。小さな成功を大切にしていく。

・成功体験の気持ちや変化をだれかと共有する。共有できると、パワーが倍増していく。

●トラブルを切り替え、成功体験への道作り

　①自己モニター、心的現実と客観的事実のズレへの配慮（バイアス修正）。

　②行動の分岐点を意識。切り替えのチャンスはどこ？

　③成功へのＡプラン、Ｂプランなど行動の選択肢（オプション）を考える。

　④選択予測（どのオプションを選ぶとどんな結果になるのか）をする。

　⑤選んだ行動の目標化（がんばりカード、シンデレラノート）をする。

　⑥ゴールに向けて必要な手順を具体的に考える。見える化していく。

　⑦成功に向けた事前の準備をしていく。

　⑧ミッションに向けて、気持ちを整えていく（コーピング）。

　⑨行動中のセルフチェックができるようにしておく（ポイントの整理と意識化）。

　⑩成功体験をフィードバック（成功のコツを整理。時にはご褒美）する。

（４）たとえ間違えても、修正できる自我を育てる

　トラブルはない方がいい。エラーレスに取り組めることを目標にする。しかし、たとえトラブルが起きてしまっても、トラブルを子どもの学びに変えていけるかどうかで、子どもの成長は大きく変わってくる。子どもと一緒にトラブルを調整していく体験を通じ、子どもの中に調整力を育てていく。子どもの自己修正の力（自分の間違いを自分で探し、自分で直していける力）の育ちは、子どもの自我へとつながっていく。

・子ども一人では難しくても、一緒にトラブルを学びに変えていく体験。

・修正できることの価値や素晴らしさを実感し、修正のコツを学んできたこと。

・間違いの修正の経験から、新しい心地よさを感じられたこと。

・だんだんと自分の中に成長の手応えを感じられるようになったこと。

7 needs you（ぼくは、一人じゃないんだね）

　その日、Q君の顔が輝いて見えた。

　「今日、朝の会でクイズ係やったよ。ぼくが、みんなにクイズを出したんだよ」

　「いいね、どうだった？」「ぼくのクイズをおもしろいって言ってもらったよ」

　つい1年前までは、落ち着かない時には、机を
ひっくり返し、教室を飛び出していたのに……。
Q君は、教室の中でも、少しずつだが自分の居場
所を見つけつつあるようだ。クイズ好きのQ君ら
しい方法で見つけている。その陰には、Q君の好
きなことを活かして、活躍できる場面を作ってく
れた先生のサポートの力を感じる。

　子どもたちの踏ん張りの力（レジリエンス）やポジティブな力を生み出していくため
に大切にしたい柱には、安心、心の支え（心の杖）、自分への手応え（自己効力感）、
needs you、あこがれ、などがある。

❶安心 ▶ パーソナルスペースの確保、攻撃されない、自分を守ってもらえる安心感、
笑顔をもらう体験、愛され、大切にされている実感。リラックスや楽しい雰囲気。自分
の「できにくさ」も可能性も理解してもらえる安心感。本音（弱音、ぐち）を聞いても
らえる安心感。最後まで聞いてもらえる信頼。

❷心の杖 ▶ 困った時には「助けて」と言える。親、先生、友だちに励まされてがんば
れた体験。同じ目的に向かって一緒に活動する人の思いを感じてがんばった体験。味方
になってくれる友だち。「わからない」「教えて」などが言える関係作り。一緒になって
支えてくれた「あなた」が私の心に映り込み、「私の中のあなた」が「心の杖」となっ
て自分のことを励ましてくれる。

❸自己効力感 ▶ できないことをただ繰り返していては、自分への手応えや可能性は見
えてこない。自分に合った成功へのコツや方策が見えてくることで、「このくらいでき
るかも……」という自分への期待が生まれ、小さなできたの達成感から手応えを感じて
いく。さらに、いろいろなことに挑戦（スモールステップ）する中で、得られる達成感、
肯定的に認められ、ほめられることで、自分への確かな手応えが積み重っていく。自分
の可能性に期待がもてるようになっていく。「できにくさ」だけではなく、自分のいい

ところや可能性に目を向けられるようになっていく。自分を価値のある存在と感じられるようになっていくことから生まれる力を大切にしたい（セルフエスティーム：Self-Esteem）。

・「みんなはできるのに……」など、否定的な他者との比較をしない。

・「こんな簡単なこともできないの……」など、否定的に成果を評価しない。

・「いつもできないよね……」など、否定的に過去を持ち出さない。

・考えを変えていくプロセスを大切にする。できたことだけでなく、努力する姿勢を認める。その子に合った成長のものさし（～君ものさし）でプロセスや変化を見守る。

・成功体験の中で結晶化された活きたことば・方策を（成功につながるやり方のイメージ、自己調整のアイテムを持つ）を大切にする。

・今までの成功体験、「私の中の私の歩み」を大切にする。

❹ needs you ▶ 自分には必要とされている役割があり、誰かの役に立てる喜び、「あなたのお陰だよ、ありがとう」と思われる体験、などが生きるエネルギーとなっていく。自分の必要感を感じられるような場や役割を作ってもらえることがやりがいとなっていく。自然発生的に needs you 的な役割が生まれづらい時は、あえてその子に合ったぴったりの活躍の場面を作り、子どもの手応えへとつなげていく。

❺ 希望、あこがれ ▶ あんなふうになってみたいというあこがれ。どうしても実現したいという「明日の私」への希望がポジティブな力となっていく。

＊メタ認知について

　メタ認知とは、自分の行動や認知の仕方をより高い視点（俯瞰）から客観的に認識し、認識した自分自身を評価したうえでコントロールすること。「メタ（meta）」とは、「より高次の」という意味。メタ認知能力が育ってくると、

・自分の感情や思考を客観的に見て（セルフモニタリング）、

・自分以外の人たちの立場への理解や配慮をしながら（心の理論）、

・自分の感情や言動を抑制する調整ができるようになる（セルフコントロール）。

＊自己調整力の育ちの取り組みの段階

　低学年→好きな人の励ましや力の支えがあれば、今日のぼくのがんばりが生まれる。

　中学年→友だちのいいとこさがし、身近なモデルやコツを参考により良く行動する。

　　　　　自己チェックカード、がんばりカードで成功ポイントを集めていく。

　高学年→メタ認知的自我意識の芽生えから自己内対話の力で自分自身のスキルアップ。

　中学生→集団の中での自分らしさ、なりたい私。私のあこがれ、将来の夢（ビジョン）。

8 自分ミーティング （ぼくの中のリーダー作り）

　今まで、いろいろな人から助けられてきた体験は、少しずつだが子どもの中に映り込んでいく。今までの成功体験を記録していくことで、子どもの中に活かされていく。支えてくれた人との体験が子どもの中に「私の中の私たち」（心の中のいろいろな人たち）を育てていく。何か課題に向かう時、「私の中の私たち」が自分ミーティングをしていく感覚を大事にしていく。自分の中にいるいろいろな自分が話し合う感覚。不安で心配な自分、やさしく理解しようとする自分、本当はポジティブに立ち向かっていきたい自分、今までの体験や考えを記録している自分（他者の考えの見方や体験を思い出す）、それらを総合して作戦を考える自分、いろいろな自分をまとめる自分（心の中のぼくのリーダー）。いろいろな自分が自分の心の中でミーティングし、どうしたらいいか考えていく。自分に合った、素敵なストーリー（未来）を見つけるために話し合っていく。

話し合う内容は、

課題への状況を把握し、	(Situation)
いくつかの行動の選択肢を考え、	(Option)
選択した行動の結果を予測し、	(Consequence)
より良い行動を選び、	(Choice)
選んだ行動の段取りを煮詰め、	(Strategies)
事前に思考していく。	(Simulation)

（参考：soccss 法）

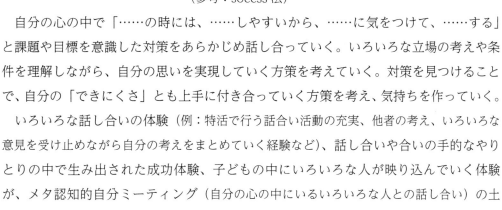

　自分の心の中で「……の時には、……しやすいから、……に気をつけて、……する」と課題や目標を意識した対策をあらかじめ話し合っていく。いろいろな立場の考えや条件を理解しながら、自分の思いを実現していく方策を考えていく。対策を見つけることで、自分の「できにくさ」とも上手に付き合っていく方策を考え、気持ちを作っていく。

　いろいろな話し合いの体験（例：特活で行う話合い活動の充実、他者の考え、いろいろな意見を受け止めながら自分の考えをまとめていく経験など）、話し合いや合いの手的なやりとりの中で生み出された成功体験、子どもの中にいろいろな人が映り込んでいく体験が、メタ認知的自分ミーティング（自分の心の中にいるいろいろな人との話し合い）の土台になっていく。やがて、この自分ミーティングを繰り返しながら、自分らしく輝けるストーリー（自分の証、ぼくっていい感じ＝ This is me）を見つけていく。

143

9 衝動性が強い子どものパーソナルデザイン

（1）衝動性が強い子の自我の育ちの難しさと意味

　衝動性の強い子どもたちの行動を見ていると、最初は、つい負の行動（席を立つ、大きな声で話す、おしゃべり、自分勝手な行動、暴れる、飛び出し、やる気が出ないなど）が目立ってしまうことがある。この目立つ負の行動が気になると、つい注意や叱責などのダメ出しをしてしまいたくなる。しかし、注意やダメ出しは、それ自体が新たな負の刺激となって反応してしまい、さらに問題を広げてしまうことが多い。子ども本人としては、自分なりにはできそうと思って始めていても、つい途中で違う刺激に反応し、余計な行動をやってしまうことがある。自分なりにはできそうと思って始めただけにダメ出しをされてしまうと、気持ちをプラスに切り替えるのが難しくなってしまう。負の行動について、自分でもいつの間にかそうなってしまったと感じている面があるので、注意やダメ出し的な関わりであれば、自分を守りたいガードから、過剰な反応（時に反発、攻撃的）をしてしまうこともある。ADHDは、「セルフコントロールの発達障害」（バークレー）と表現されることもあるほど、セルフコントロール（自我）の育ちが難しいとされる。「あたかも自分（自我)」で調整（セルフコントロール）しているかのように、本人の気持ちに寄り添いながら、プラスに行動できる力を少しずつ育んでいかないと、子どもの気持ちと離れてしまう。衝動性の強い子において、自我的な行動調整の育ちは、重要な課題だが、とても難しい課題となっている。

（2）衝動性の子どもたちの行動と気持ちを理解

　衝動性の子どもたちは、どんな時、どんな意味で、どんな行動を、どうしてやってしまうのか。衝動性の影響から生じる子どもたちの「できにくさ」（difficult）を正しく理解していないと、子どもの世界が見えてこない。目の前の子どもの、行動の謎、「訳」、ストーリーを読み解き、子どものヘルプとニーズに応えていく。

　衝動性の子どもたちは、頭ではわかったつもりでいても、つい刺激に過反応してしまい、衝動性から「思わず行動」をしてしまう「危うさ」がある。自分ではちゃんとやっているつもりでも、つい余計な行動をやってしまう。そうなってしまってから、何か違うと感じつつも、そうなってしまう自分に「もどかしさ」を感じている。この子どもたちが抱えている「危うさ」や「もどかしさ」を理解してあげたい。

144

他にも、衝動性の影響として次のような「できにくさ」（difficult）がある。

・go/no-go ▶ 自分が気になる刺激に衝動的に反応してしまい、状況に合った活性（go）と抑制（no-go）が難しくなってしまう。

・情報キャッチ ▶ 活動の大事な情報に集中できず（選択的注意）、指示内容を正確に聞き取れないことがある。また、次々に出される情報を頭の中で考えていくこと（継次処理）が難しい。頭の中で文脈（筋道）に沿って考えようしても、その脈絡から集中が離れてしまい、文脈を見失ってしまう。

・実行機能 ▶ 活動プランを正確に記憶（ワーキングメモリー）することが苦手なため、活動の途中で自分の思いつきになりやすく、プランに沿って活動できなくなってしまう（手順を飛ばしてしまう）。片付けや整理の途中で違うことが気になって、最後の整理まで行きつかないことがある。

・道具の操作 ▶ 今の操作活動に集中できず、ていねいな活動ができない。道具の扱いにおいて、きちんとした操作を覚えきれずに、未習熟のまま、不器用になってしまう。

・気持ち（感情調整） ▶ 目の前の刺激にポンと反応してしまい、状況からずれた言動をしてしまう。負の体験が続くと、活動自体が面倒くさくなってしまう。やりきれない自分から感情的に爆発しやすくなってしまう（感情的に激しやすいタイプもある）。

・フィードバック ▶ やってしまった行動を本人に聞いたとしても、自分では「ちゃんとやっているつもり」なので、ダメ出しされると、保身的な行動になってしまったり、「どうせぼくの言うことなんて……」という思いになってしまったりする。

このように衝動性の強い子どもたちは、自分が思うように活動できない「できにくさ」（difficult）を抱えている。自分では、なぜそうなるかわからずにそうなってしまう苦しみは、計り知れない。負の行動を子どものせいと感じ、負の行動をいじり過ぎると、

衝動性からそうなってしまう自分→注意される→気持ちが萎え、ポジティブな気持ちをもちづらい→自己効力感が落ちてしまう

という構図になりやすく、注意やダメ出しは、良い切り替えにならない。

ダメ出しや一方的な注意ではなく、子どもの気持ちに合わせながら、子どもの中から良い活動性を引き出し、目指す行動ができるようにサポートしていくことがカギとなる。

ちょいサポで成功体験（二人三脚的関係）→「あたかも自分で」の成功体験

→自己効力感の向上→自我によるプラスの行動へ

という流れを作っていきたい。

＊保育士さんのサポートに学ぶ

保育園の年長さんの活動でのこと。

自分一人だけの力では、気になる刺激に反応し、先生の説明をじっと聞き続けるのが苦手で、時には、席から離れてしまう子がいた。席を離れてしまう行動を注意しても、またそれが新たな刺激になってしまい、よけいにはしゃいでしまう。そこで、今やってほしい活動について、「〜おもしろそうだね」「〜できるかな？」「何をすればいいのかな？」など、今の活動へ注意や気持ちが向くような切り替えを行っていく。子どもの注意を今の活動内容に切り替えることができたら、活動の情報を一目瞭然的に伝える（見える手がかりでぱっと見てわかると、プラスのスイッチを入れやすい）。ただ、この瞬間的な情報キャッチでは、ゴールを見ただけのキャッチになってしまい、手順のプロセスを見落としてしまっている。子どもの活動状況を見守りながら、一つ一つ次の活動の手順を伝える。一つ一つの手順をリアルタイムで伝え直すことができない場合は、一つ一つの手順がわかりやすいような手順表にしておく。プラスの活動をやり始めたら、すかさず「いいね」のフィードバックをする。時には、「〜をしているのいいね」（例、手元をよく見て、線に沿ってきれいに切っているね）とやってほしい活動の質を高める情報を肯定的に伝える。ゴールまでできたら、プラスの活動ができた喜びを共有していく。本人なりにがんばった感覚を広げていく。次のプラスの活動へのエネルギーになっていく。

（3）自我の育ちと苦手への対応の流れ

活動の成功体験をサポートしながらセルフコントロールの力を育むプロセス

❶やりやすさ→❷ガイド→❸ちょいサポ→ ❹感情調整→❺学び・育ち→❻自我

❶やりやすさ（活動がやりやすい環境作り、ノイズカット、肩支え、アクセシビリティ）

子どもに衝動性があったとしても、負の行動にはなりづらい環境を作っていく。負の刺激を減らし（ノイズカット）、活動のやりづらさ（バリア）を少なくしていく。やろうと思っていても、子ども一人で難しい時には、活動や目標に集中しやすいような支えをする（例、スコープアイ、肩支えなど）。全体の活動イメージをわかりやすくし、全体と部分（今は何をするのか）を理解した上で、状況に合った活性（ON）と抑制（OFF）の調整（go/no-go の意識化）をサポートする。活動への集中が落ちたり、活動のやり忘れがないように、メモやリマインダーを使う。

❷ガイド（どう活動するのがよいかモデルを伝える）と情報キャッチのサポート

活動のプラン（何を、何のために、どのように）をガイドしていく。その際、情報の内

容をわかりやすくし、情報の整理（記憶）をしやすくする。

　注意喚起。大事な情報を逃さないように、情報へ集中できるようにしていく。

　一目瞭然的ガイド。集中して見続けることが難しいこともあるので、ぱっと見てわかるようにしてあげる。内容を残る手がかりにし、子どもが必要な時に見直せるようにする。

　目の前の活動と結果の手応え。複数手順の場合は、とりあえず最初の数手順を把握できるようにする。衝動性のある子は、すぐに結論が見通せるとやりやすくなるので、とりあえずの活動がわかり、それに手応えを感じると、次へのエネルギーが生まれやすい。ただ、つい自分の気になるところから始めてしまうと、ゴールまで行けないことがあるため、「今、何を」を明確にしつつ、全体の手順をつかみやすくする。

・時には、ゴールまでのプロセスを少し小分けにし、一つ一つに集中して取り組めるようにする。一つ一つの手順については、そのたびごとに確認し、伝える。

・自分キャッチだけでは、部分的なキャッチになりやすい時には、一度、全体の意味や流れを聞き、見て、理解できるようにする。

・全体の流れ、手順を見える手がかりでわかりやすくしておく。

・キーワード（短いことば）で全体を把握しやすくする。キーワードで全体の文脈、流れを整理しておくと、全体を意識しながら、部分（今、何を、どのように）に集中しながら進めることができる。

・自分の情報キャッチでいいのか、自己チェックできる手がかりを用意する。自分では、わかったつもりになり、できそうと思っていても、自己チェックできる手がかりがあることで、自分の理解や活動を確認しながら進めることができる。時には、手がかりをちら見するぐらいにし、自分の記憶で進めることを意識する。行動を自分の意識で自己チェック（フィードバック）できる力は、少しずつだが、行動をより良くしていく。

行動を振り返り、自己チェック

・活動の直前に、情報キャッチの内容を確認する。大事な情報内容や全体の文脈など、始める前に読んだり、想起したり、確認する。事前に活動のシミュレーションをする。

・キャッチ内容を正しく記憶できるように復唱する（I copy）。情報キャッチしたことを復唱、外言化すると、動機アップ、情報の正確さ、記憶の補強につながっていく。わかっていたつもりが、I copy することでより確実に互いに確認できる。

❸ちょいサポ（実行機能のサポート）

「できにくさ」（difficult）のために、たとえ最初は、自分一人ではできそうにないことでも、ちょいサポで活動をON（できそう）にし、プラスの活動（できた）を認められていく経験を増やしていく。

・動き出しの活動調整をちょいサポする（プロンプト、やりとり、一緒の思考、耳打ちのことばかけ、良いモデルをほめ、モデルを意識化）。

・自分からの気づきのお手伝いや外から活動調整のお手伝いをする（あらかじめの意識づけや耳打ちのことばかけ。例：やるべき活動の内容をクイズで意識づけしていく）。

・できた活動については、すぐに「いいね」のフィードバックをする。即時的に肯定的なフィードバックをされることで活動の後押しになっていく。

・活動内容が難しい場合には、ターゲットの行動を1つに決め、ON活動を1つずつ増やしていく。少しずつ、1つずつ、小さなできた（成功体験）を作っていく。時には一緒に活動し、できている状態作りを応援する（プラスの活動ができる外側からの活動調整のお手伝い）。ちょいサポでできる活動を作り、少しずつできていることを認め、1つの成功体験を次の成功体験につなげ、小さな目標（ステップアップ）へと発展させていく（成功体験へのチャンス作りと積み重ね、だんだんON、プラスの連鎖）。

・ゴールまでの手順をルーティン化（構造化された構成を繰り返し行う）し、自分の力でできる活動を増やしていく（朝の活動、授業開始、学習準備、整理、整頓、給食、掃除、朝の会、帰りの会、生活ルーティン、課題遂行のルーティン、集中度を高めるルーティン、漢字学習のルーティン、新単元の読みと読み解きのルーティン、算数の文章題を解くルーティン、問題解決ルーティン、話し合いのルーティンなど）。

・自分に合った学習スタイルのルーティン化を目指す。

　例：ガイド→活動→活動思考→思考の言語化、集約化→まとめの見える化→類似問題
　　　→確かめ（熟成）→学習内容の一覧、見える化→記憶（マスキング）→次回に活
　　　かす（般化）→まとめのカード化（繰り返しの見直し）

●プラス行動への刺激からプラス活動への誘導へ

プラス行動に注意が向くような関わりと負の行動を制御するお手伝いをする。本人の気持ちを尊重するような聞き方に気をつけ、「～はどうしたらいいかな？」「～はどこに片付けたらいい？」と本人の気づきのようにプラスの行動を暗示的に誘導していく。負の刺激（ノイズ、ダメ出し注意）に過反応しないように、プラスの刺激（本人意識をくすぐる見守り、手がかり、モデル、本人の中の小さな気づき、プラスの半歩）で関わり、プラ

スの行動を引き出していく。自分なりになんとかしたいという気持ちをプラスの活動へと導いていく。ON活動に向かう二人三脚的信頼（この人となら、なんとかできるかも……）からその子にぴったりのすてきON（プラス）活動を一緒に作っていく。

❹感情調整（負の行動や感情との向き合い方）

・本人発信の本人なりの精一杯の考えや気持ちを言ってもらう場と時間を作る。

・子どもの考えを否定しない。本人の気づきのように、新たな視点を引き出していく。
　「……ってことは、……ってことなの？」「うん、……だよ」「そうかぁ」

　自分の考えを受け止めてもらえる満足感を感じながら、抜けやすい、足りない部分を暗示的な補足で本人の気づきとして促す。抜けてしまう条件、文脈、思考を合いの手的なやりとりで気づかせていく。

・選択的に考えさせていく。「……と……どっちがいいんだろうね？」

・「……って難しいけど、できるかな？」と自分からのプラスの切り替えを意識させ、本人から「……なんて簡単だよ、できるよ」とポジティブなエネルギーを引き出していく。成功体験に向けた準備、構え、予想される対策を一緒に考える。

・引き出されたポジティブなエネルギーや成功体験をほめ、成功できた「訳」やコツを自分への手応えとして残していく（できたことのほめならば、受け止めやすい）。

・結果だけでなく、プロセスでのポジティブなエネルギーを認めていく。

●発達障害のある子は、自分では抑えきれないほど強い「負の感情」が生まれる時がある。この「負の感情」や「衝動性」と向き合い、調整するために、

①いつ・どんな時に、「負の感情」や「衝動性」が生まれやすいのか。

②「負の感情」のまま爆発してしまうと、どうなってしまうのか。

③「負の感情」をどうやって切り替えたらいいのか。「負の感情」をプラスに切り替えるために、いつ・どんなふうに「心のブレーキ」をかけたらいいのか。気持ちを鎮めるための自分に合った切り替えことばを作る。

④もし、自分の思いのまま言ったり、行動したらどうなってしまうのか。これからの未来の行動をイメージしていく。「心のブレーキ」をかけることで、どんなふうに結果が変わるのかを考える。「言う、言わない」「〜する、しない」のシミュレーションをし、自分により良い行動を選択しておく。時には、誰かに相談しながら対策を考える。

⑤「〜ダケレドモ〜スル。ダッテ〜ダカラ」という構図で状況と気持ちを整理し、行動や気持ちをどうやって調整していけばよいのかを考える。考えたことをノートにまとめ、行動の「事前、直前、進行中、事後」に応じた、感情と行動の調整を図っていく。

落ち着いた状況下で「次は……」を考えられるようにしていく。

⑥「ゴールまで達成できて楽しかった」「負の感情を鎮めることができた」「プラスのぼくを見てもらって気持ち良かった」「より良い切り替えができた」など、成功体験の記録を大切にする。プラスの行動が認められる関係性から、自分の力でそれを目指せるように、成功体験につながったコツを大事にしていく。

❺学び・育ち

● go/no-go ▶ 状況を感じながら、待てる活動を増やす（例；手を挙げて発言の順番を待つ）。ストループ活動（1つの条件には反応するが、別な条件には反応しない）や衝動性（go/no-go）調整のトレーニング（線結び活動　ゴールを見据えて活動する）をする。

●道具の操作 ▶ 楽器や道具の操作など、求められる操作の正確さが調整力を育んでいく（鍵盤ハーモニカで、思わずよけいな指まで動いてしまうのは、衝動性が動きの調整にも影響していることもある。正確な指運びが衝動性のコントロールにつながる）。

●ワーキングメモリーと内言語 ▶ 心の中で考える活動を行い、確かめていく。あらかじめ考える、頭で考えるトレーニングをする。2択からプラスの活動を内言（ワーキングメモリー）で選んでいけるようにする。徐々に、3択以上の条件からも選べるようにしていく。3択以上（例えば、センチとミリ変換の3択問題など）の条件をじっくり聞いて判断（ワーキングメモリー）し、選ぶ活動は、条件を見

長い順に言いましょう

①7cm2mm　②87mm　③8cm8mm

❶1cmは10mm
❷7cm＝70mm
❸70＋2＝72
①は72mm

て考える必要があるので、衝動性を抑えていくトレーニングになる。他には、語音整列。キーワードコピー。文のポイント復唱。ポイントを内言でまとめる。書く力の向上は、内言や内なる行動調整の力につながっていく。

●聞く活動（指示理解のサポート、残る指示、わかる指示、読みながら聞く活動、じっくり聞き続ける、最後まで聞く）。聞く活動と動く活動（緩急）の組み合わせ。

●手順 ▶ ゴールから逆算　虫食い（例：4×（3＋□）＝32）　何時につくためには……

●忘れ物対策 ▶ 振り返り、手がかりの2度見、決まった場所を決める、パターン・ルーティン化アルゴリズム的な記憶によるチェック。

❻自我（セルフコントロール）を目指して

　自分で行動調整できる力を育てていくためには、今まで受けてきたサポートや調整を自我的な行動調整の力（内言化）へとステップアップしていく。

成功体験の想起→目標化→シミュレーション→フィードバック→自分ミーティング

　自我的な行動調整を目指していくためには、今までのサポート（やりとり、一緒の思考、実行機能サポート）を受けながら成功してきた体験を想起していく。過去の成功体験が土台となって新しい力が覚醒し、意味ある目標（生きがい）に向かって活動していける。今までの体験や記録（サクセスログ）が大事な手がかりとなっていく。

　目標（ミッション）に向かって行動を起こす時には、事前、直前に、行動や自己コントロールをシミュレーションしてみる。「～の時には、～してもらって成功したから、自分一人でも～してみよう」と整理していく。自分に合ったコツや手がかりを想起（ちら見、内言、心の中の思考）しながら、プラスの行動（go）と同時に、「我慢する」感覚、負の行動を制御する感覚（no-go）を意識していく。サポートはフェードアウトしていくので、最初から完全を求めずに、活動の始め、途中、最後に、自己チェックできる手がかり（よりよくする取り組みのための手がかり）をちら見しながら取り組んでいく。

　自分の行動をフィードバックしながら活動していく。試行錯誤の中で生まれる子どもの中の「あっ、そうか」の気づきを活かしていく。小さな目標で感じる達成感、子どもに合ったプラスのエネルギー作り、コツ見つけ、すてきな自分作りへのイメージをもって行動することを応援していく。変わっていく自分の力を信じられるように応援・見守りをしていく。だんだんのプラスの変化（プロセス）をフィードバックすることで、プラス行動に向けた「自分への励まし」が生まれる（自励心）。プラスの変化を見える化し、自分への手応えを感じられるようにする。

　フィードバックをステップアップしていく。即時的な他者からのフィードバックが必要であったことから、徐々に時間を置いたじっくりのフィードバックでもできるようにし、だんだんと自分の中でのフィードバックへとステップアップしていく。「思わず行動」してしまいそうなことには、自分の中で行動をフィードバックし、修正できることを目指していく。あらかじめ予想できることについては、自分なりに気持ちを整えて向かえるようにしていく（コーピング）。

　すてきな自分作りに向けて、あらかじめ・リアルタイム（活動中）・事後と、自分ミーティング（いろいろな自分との心の中での話し合い）をしていく。自己内における目標設定とそこに向けたコントロールなどのがんばりやコツを今後に活かせるように自分ミーティングで整理し、記録していく。活動の中で得られる充実感や自己実現（自己承認欲求）を大事にする。目標達成への道が見えてくると、いろいろと思いつき行動できる特性をプラスの方向へ活かしていく。

衝動性の強い子どもへのパーソナルデザイン1

理解	ヘルプとニーズの理解 危うさ、もどかしさの理解 二人三脚的関係→あたかも自分で→自己効力感の向上→自我
やりやすさ アクセシビリティ	負の刺激に反応しやすいことへの配慮（ノイズカット）。 活動 ON、プラスの行動に集中しやすい環境作り。 プラス活動への切り替えルーティンの確立（準備、動機）。 ちょいサポ、モデル、サポーターとの距離感。 時には、パーソナルスペースの確保。
情報キャッチ （ガイド）	情報キャッチしやすい環境（場所、手がかり）。 注意喚起（大事な情報への選択集中する声かけ）。 本人の興味、リズム、注目に合わせたガイド。 一目瞭然のガイド（ぱっと見てわかる手がかり）。 大事な情報に集中しやすくする（情報の焦点化　スコープアイ）。 複数手順については、とりあえず最初の数手順を把握。 複数手順を見える手がかりで残す。 全体の文脈は、一度耳で聞いてから理解しやすくする。 キーワードキャッチとリピートで、全体の流れを把握。 キャッチ内容を I copy する。 キャッチ内容をわかりやすく記憶できるようにする。 自分の情報キャッチの確かめ、自己チェックできる手がかり。 情報キャッチの活動直前の確認（大事な情報、情報全体の文脈など）。
go/no-go 状況に合った 活性（ON）と 抑制（OFF）の 調整	プラス刺激で、自分の気づきのように活動誘導（go の意識化）。 「じゃあさぁ、〜ってどう？」とプラス活動へ注意を切り替える。 活動の動き出しは、やりやすいような枠や肩支え。 始まり（ON）に集中できるような間、呼吸、サイン、ルーティン。 外側からの行動調整（耳打ちのことばかけ　CCQ　非言語的指示　サイン）。 一人で難しい時には、最初は一緒に（二人三脚的なちょいサポ）。 no-go の意識化（してほしくない行動を直前に確認）。 条件理解と go の意識化「……ダケレドモ……スル。ダッテ……ダカラ」 パーソナルスペースからの行動調整の見守り。 本人の呼吸に合わせた柔らかい修正。 本人に合った活動スタイルのルーティン化。
プランニング	授業の構造化（活動フォーマットの理解と視覚的手がかり）。 始まりからゴールまでの見通しクリア。 活動プラン（何を、何のため、どのように）の意識作りと確認。 ルーティン化された活動体験（掃除、〜の会、給食、片付けなど）。 良いモデルのほめから、良い活動スタイルを意識づけ。 とりあえず始めの一歩や全体を小分けにして取り組む。 枠を思考と活動の手がかりにする。 合いの手的な誘導（思考を引き出し、つなげて、自己決定を導く）。 繰り返しやリハーサルで、ゴールまでの成功体験。 量、スピード、緩急の調整サポート。 スイッチのリセット（休憩）からの切り替えや再スタート。 リカバリーが必要な時（サイン、合図、手がかり、お手伝い）。
内言	思考と活動のきっかけのことばで次の活動を内言思考で促す。 2択を心の中で考える。だんだん3択以上を心の中で考える。 事前に自分の考えを書く（メモ化）。 事前、直前のイメージトレーニング、シミュレーション。

衝動性の強い子どもへのパーソナルデザイン2

ワーキングメモリー	アルゴリズム的に手順やキーワードの記憶。 プロンプト、メモ（残る手がかり）の活用。 本人と活動スタイルに合ったリマインダーの活用。
所作	今行うべき操作活動への集中をサポート。 だんだんできることの手伝い（試行錯誤）。 ていねいさの具体的提案。ゴールまで行き着く体験。 状況によって待つ、周りの行動のタイミングを推し量ることへのちょいサポや育ちの意識化（手を挙げて発言の順番を待つ）。 忘れ物、片付け対策（ちら見、モデル、時間）。
自己効力感	自分一人ではできなくても、ちょいサポでON活動を増やす。 活動のON体験から、プラスの行動が認められる心地良さへ。 小さな目標の達成、小さなできた作り。OFFになっても切り替えを大切に。 ONの活動を少しずつ増やし、だんだんONからプラスの連鎖へ。 プラス評価を即時的にフィードバック（のせ上手　暗示的誘導）。 即時の肯定的フィードバック（いいね）でプラスのエネルギー。 プラス活動のチャンス作り（ほめられる、変わる、自分らしい表現）。 「あたかも自分で」を含め、自分選択での成功体験の充実。
負の行動	ダメ出しNG（ダメ出しの刺激に過反応してしまう）。 負の行動を子どものせいにしない。負の行動をいじり過ぎない。 活動を引き出すプラスの刺激から、プラスのチャンネルに変えていく。 柔らかい修正の受け入れと次回（未来）の成長チャンスを意識。
感情調整	最後まで自分のことを聞いてもらえる場、時間を作る。 自己承認欲求を充たす。怒りの感情コントロール、負の感情コントロール。 成功体験に向けてあらかじめ感情調整の意識化（コーピング）。
学び	じっくり考える（文脈、手順、多情報、内言、書く力）。 貯めて考える（聞く力、メモ、内言での要約、適切な条件選択）。 あらかじめ考える（シミュレーション）。 手順を考える（プランニング、○○プラン作り、リーフレット作り）。 子ども自身の「あっ」の気づき。何で気づくのか、次に活かす。 ゴールからプロセスを考える（何時につくためには……、虫食い算など）。 考えながら、操作しながら、手順通りにゴールに向かう（各種パズル、立体パズル、レゴ作り、ちえの輪、ハノイの塔）。
コーピング	半歩手前のストッパー、やってしまう、言ってしまう行動の見直し。 あらかじめ気持ちを整えて、安心、落ち着く。 内言によるサポートや環境設定。 落ち着いた状況での自分ミーティング。
行動の目標化	メタ認知的振り返りからの調整（セルフモニタリングと調整）。 話し合いや合いの手的やりとりから、時間をかけてフィードバック。 プラス行動へのイメージ作り。自分の中で意識できるステップアップ。 未来のすてきな自分作りと活動に向けた目標設定（ミッションの設定）。 目標達成度（手応え）のゲーム化（レベル○）、数値化（〜級）、共有化。 シンデレラノート作り（なりたい自分の意識化）。 次回の成功体験のイメージ、シミュレーション、自分ミーティング。 成功体験の記録化、新しい力への覚醒。
特性を活かす	アイデア、いろいろと思いつく力をプラスの方向へ。 活動性（エネルギッシュ）をプラスに活かす。 気持ちの理解の豊かさを行動の意識づけにする。 自分に合ったコツを知る。コツを増やしていく。

10 ぼくには、ぼくのスタイル（葛藤と自己実現）

　初めて、君から「やりたくてもできないんだよ」ということばを聞いた時の衝撃を今でも覚えている。夢の中では、ちゃんとやれるのに。本当は、できたらいいなぁ、とこんなに願っているのに。現実ではうまくできない自分がいると話してくれた。もやもやと葛藤の中で生きていた。学校にいる時の自分のことを「ぞわぞわする」「そわそわする」「いろんな自分がいる」「2、3歳のぼくが邪魔をする」「気がついたら怒られていた」と話す君。なぜこんなにイライラするのかわからない気持ちをいろいろなことばで伝えてくれた。その奥には、君を困らせる「できにくさ」があった。君の「もがき」や「できにくさ」を知らずして、君と一緒に歩むことはできない。

　泣きながら、自分でびりびりに破いてしまったテストを持って駆け込んできた君。君にとっての難問を一緒に攻略できた時、意気揚々の笑顔で教室に戻って行った。みんなと同じようにできない自分をなんとかしたくて、「普通」にあこがれると自己紹介に書いていた。みんなから「普通」にできるやり方を盗んででもちゃんとやりたいと考えていた。「普通」に憧れていると表現した、君の痛み、苦しみ、もがき、そして、自分をあきらめないたくましさを忘れたくない。ヘルプには、予兆（サイン）があることを知った時、君の心の声を聴きたくて、君が出してくれるサインから、君のことばを考えた。ヘルプ（今の君の苦しみ）とニーズ（半歩先の君の可能性）に寄り添う大切さを教わった。

　ヘビのようなくねくね文字であんなに悩んでいたのに、担任の先生の魔法（きれいな字を書くコツを文字の横に書いてもらった）のおかげで字をきれいに書けるようになった。友だちに肩支えをしてもらったら、苦手な勉強でもいつもよりがんばれた。それまでいっぱいもがいていただけに、それができるようになった時、きっと、「普通」の子の何倍も君なりにがんばったに違いない。自分に合ったやり方が見つかれば、変わっていけるかもしれない。「できにくさ」があっても、君がやりやすくなる方法を考えよう。

　「〜ってことは……」の合いの手ことばで深く考えることができると知った。君とうまくチューニング（同調）できた時、君のことばと考えが私のことばと考えとつながっていった。君の中の確かさが広がっていく。今日は、かなりがんばれたけど、今日かなりがんばったから、明日はまたできるかどうかわからないと話してくれた。少しずつでも進んでいくから素晴らしい。「どうして変われたの？」と聞いたら、「先生に最後まで話を聞いてもらえたから」と、自分が変わり始めた訳を話してくれた。周りの人にアシ

ストしてもらえるから、嫌なことでも少しがんばってみると話していた。イライラした自分が現れた時、教室の隅でじっと耐えることができた。君が人生で初めて、イライラした気持ちを自分で切り替えた時を見ることができた。「人生の初めての姿」に出会える素晴らしさと君の歩みに手応えを感じた。誰かの支えと助けの中で、自分の力を見つけ出してきている。プチ自慢するその表情に未来への可能性が感じられる。

　学校に行けなくて苦しかった時、自分の力を発揮できずにいる自分を「持て余している」と感じ、なんとかしたくてがんばり始めた君。自分の可能性が見えなくなる苦しみを話してくれた。そして、苦しみに向かっていく勇気を絞り出しながら、自分の中の可能性に向かっていくための自分にぴったりの方策を探っていった。

　自分に合った漢字の学習方策がわかるといっぱいの漢字を覚えた。文章題の解き方、小説を読んで気持ちを考える方法、忘れ物点検、リマインダー、提出物を出す方法、課題をやり抜くスケジュールの立て方、小さなできたのためにはコツがあった。課題達成のためにあらかじめにシミュレーションをした。君の中のいろいろな君と心の中で話した。成功のためには、どこが分岐点（ターニングポイント）なのか、その時何をしたらいいのかを考えた。自分に起きてしまったトラブルを一緒に振り返り、自分の過ちをカミングアウトしても、ちゃんと未来は見つけられることがわかった。くやしさや怒りの気持ちは、どうしたらいいのか、これは難問中の難問だったけど、その時、君をいつも守ってくれていたお母さんのありがたさをことばにしてくれた。気持ちを切り替える大切さを知った。あらかじめのバリア対策。OFF を ON へ切り替えるちょいサポ。小さなできたが生み出す大きなエネルギー。耳打ちのことばかけ。いいね、の声かけ。スモールステップ。3色の答え合わせ。自分に合った学習スタイル。合いの手ことばからあたかも自分で。「どうしてできないの！」と感じた時、こうすれば少しずつでもできるようになれるのかもと、100 通りの定石と 101 通り目の君にぴったりの妙手を考えた。

　育ちのコツは、どうやって見つかるのか。君と歩くコツは、君と一緒に歩む中ですべて君が教えてくれた。だから、まだ見ぬコツはきっと未来の君がまた教えてくれるのだろう。君の世界に寄り添って、付き合って、一緒に未来への道を見つけていくことの大切さと素晴らしさを教えてもらった。君のパーソナルデザイン（君にぴったりのノウハウとコツで、君の中の可能性が動き出すスタイル）が見つけられた時、「ぼくが、大きくなったらね……」と君が夢を語ってくれた。君の素敵な夢の話は、心地が良い。いいね。

　君が心の中で「This is me」とつぶやく日、私は、私の This is me を教えてもらう。

　君が IKIGAI を感じる日、私は、私が目指す IKIGAI について考える。

著者紹介

添島　康夫（そえじま・やすお）【はじめに・第 1 章 1～5、7・第 2 章 8・第 3 章・第 4 章】

国立大学法人群馬大学共同教育学部非常勤講師。蓮田市発達支援相談室相談員。

埼玉大学教育学部附属特別支援学校、埼玉県立久喜特別支援学校、埼玉県蓮田市内の特別支援学級、ことばの教室、発達障害の通級指導教室など、特別支援教育の現場を 40 年担当。この 20 年、通常学級・保育園の気になる子の巡回相談を年間 90 回ほど担当。

主な著書：

『発達障害のある子の「育ちの力」を引き出す 150 のサポート術』

『発達障害のある子が育つ 150 の学習課題＆学び術』（ともに明治図書）

『子どもの中にことばを見つけて』

『ことばをはぐくむ歌あそび』（ともにぶどう社）

霜田　浩信（しもだ・ひろのぶ）【はじめに・第 1 章 6・第 2 章 1～7、9】

国立大学法人群馬大学共同教育学部教授。

東京学芸大学附属特別支援学校教諭、学校法人文教大学学園文教大学教育学部講師・准教授、国立大学法人群馬大学教育学部准教授を経て現職。

公認心理師・学校心理士

主な著書：

『実際のつまずきに向き合う・予防する子どもの SST プログラム』（ラピュータ）

『学校ボランティアハンドブック：支援の必要な子ども、教師、学校とのかかわり方 Q&A』（ほんの森出版）

『ちゃんと人とつきあいたい〈2〉発達障害や人間関係に悩む人のためのソーシャルスキル・トレーニング』（エンパワメント研究所）

イラスト：岸本祐子

レイアウト：石田美聡（丸井工文社）

装丁：有泉武己

発達障害のある子の
パーソナルデザイン
「ぼくにぴったり」のノウハウとコツを見つけて   ©2024

2024年3月1日　初版第1刷発行

編 著 者　　添島康夫・霜田浩信
発 行 者　　杉本哲也
発 行 所　　株式会社学苑社
東京都千代田区富士見2－10－2
電話　03（3263）3817
Fax　　03（3263）2410
振替　00100－7－177379
印刷・製本　株式会社丸井工文社

検印省略

乱丁落丁はお取り替えいたします。
定価はカバーに表示してあります。

ISBN978-4-7614-0851-0　C3037

■ 特別支援教育

「子どもの気持ち」と「先生のギモン」から考える
学校で困っている
子どもへの支援と指導

日戸由刈【監修】
安居院みどり・
萬木はるか【編】

B5 判●定価 2200 円

先生のギモンや子どもの気持ちの背景にある発達特性を知り、適切な支援につなげることができれば、先生も子どもも、もっと楽になるはず！

■ 発達障害

学校や家庭でできる！
SST& 運動プログラム
トレーニングブック

綿引清勝・島田博祐【編著】

B5 判●定価 2090 円

「ソーシャルスキルトレーニング」と「アダプテッド・スポーツ」の専門家が提案する学校や家庭で今日からできる 50 の実践プログラム。

■ 特別支援教育

「自分に合った学び方」
「自分らしい生き方」を見つけよう
星と虹色なこどもたち

星山麻木【著】
相澤るつ子【イラスト】

B5 判●定価 2200 円

さまざまな特性のある、こどもたちの感じ方・考え方を理解し、仲間同士で助け合うための方法を提案。一人ひとりのこどもを尊重するために。

■ 保護者支援

教師のための保護者と創る
学校「交渉術」読本
インクルーシブな私の教室づくり

有川宏幸【著】

A5 判●定価 2420 円

「去年の担任のほうがよかった？」と言われたら……　「あざとい戦略」とは……保護者とうまくやっていく秘訣、ここにあります。

■ 発達障害

かんたんにできる
発達障害のある子どもの
リラクセーションプログラム

高橋眞琴【編著】
尾関美和・亀井有美・
中村友香・山﨑真義【著】

A5 判●定価 2200 円

ライフスキルトレーニング、動作法、ムーブメント教育、日本でも実践可能な海外のインクルーシブ教育での環境設定などを紹介。

■ いじめ

発達障がいといじめ
発達の多様性に応える予防と介入

小倉正義【編著】

A5 判●定価 2970 円

いじめへの「認識と実態」「予防」、そして「介入」までを解説し、発達障がいのある子どもたちをいじめから守る方法を探る。

税 10％込みの価格です

学苑社　Tel 03-3263-3817　〒 102-0071　東京都千代田区富士見 2-10-2
Fax 03-3263-2410　E-mail: info@gakuensha.co.jp　https://www.gakuensha.co.jp/